学会倾听

Reclaiming the Lost Art of *True Connection*

重拾失落的沟通艺术

（Ximena Vengoechea）
[美] 希梅娜·文戈谢 著
高宏 译

LISTEN
LIKE YOU
MEAN IT

机械工业出版社
CHINA MACHINE PRESS

假如你很想和某个人深入沟通,很想巩固和伴侣的亲密关系,很想加深与孩子的联系,很想在工作中应用倾听技能,充分利用倾听的力量来打造相互信任的工作关系和齐心协力的合作伙伴关系。不管出于什么原因,本书中讲到的倾听技能适用于上述所有场景,而且不仅限于此。只要用心思考、勉力而为,在我们身边的人看来,无论身处何种情境,我们都能成为更优秀的倾听者。本书分为三个部分,在第一部分,探索了成功倾听的条件:开放的心胸、有意识的关注和敏锐的观察力;在第二部分,重点讨论了在展开谈话后,如何更好地驾驭它,如何推进对话,以及如何为他人创造空间,让他们分享自己的忧虑、困难、个人希望和梦想;在第三部分,分享了我们如何在倾听实践中给予自己支持,在激烈的谈话后如何恢复过来。

© 2021 Ximena Vengoechea

All rights reserved including the right of reproduction in whole or in part in any form.

This edition published by arrangement with Portfolio, an imprint of Penguin Publishing Group, a division of Penguin Random House LLC.

北京市版权局著作权合同登记 图字:01-2021-5482号。

图书在版编目(CIP)数据

学会倾听:重拾失落的沟通艺术/(美)希梅娜·文戈谢(Ximena Vengoechea)著;高宏译.—北京:机械工业出版社,2022.5

书名原文:Listen Like You Mean It: Reclaiming the Lost Art of True Connection

ISBN 978-7-111-70666-3

Ⅰ.①学… Ⅱ.①希… ②高… Ⅲ.①心理交往-通俗读物 Ⅳ.①C912.11-49

中国版本图书馆CIP数据核字(2022)第073683号

机械工业出版社(北京市百万庄大街22号 邮政编码100037)
策划编辑:坚喜斌　　　　责任编辑:坚喜斌　蔡欣欣
责任校对:薄萌钰　王明欣　责任印制:李　昂
北京联兴盛业印刷股份有限公司印刷
2022年7月第1版·第1次印刷
145mm×210mm·9.75印张·1插页·188千字
标准书号:ISBN 978-7-111-70666-3
定价:69.00元

电话服务　　　　　　　　网络服务
客服电话:010-88361066　机 工 官 网:www.cmpbook.com
　　　　　010-88379833　机 工 官 博:weibo.com/cmp1952
　　　　　010-68326294　金 书 网:www.golden-book.com
封底无防伪标均为盗版　　机工教育服务网:www.cmpedu.com

献给我的父母
是你们一直让我有被人倾听的感觉

引 言
倾听即理解

夏洛特很安静，我也是。我们坐在研究实验室里，前方是一面镜子。镜子后面，我们的团队正在观察我和夏洛特的这场谈话。谈话现在到了一个关键点，我们即将要谈的话题很难，而且是个禁忌：个人财务状况。

一般来说，聊图片要比聊这类涉及个人隐私的话题容易多了，于是，为了能顺利开展这次关于预算制作的研究，我让访谈对象先收集一些图片，向我展示一下他们理想中的未来财务状况，好引导我们进行讨论。每位访谈对象的理想都不一样。有些人带来了豪车和豪宅的图片，憧憬着将来能更富有，过上奢侈的生活。有些人，比如夏洛特，跟我分享了一些图片，上面展示的是他们梦想中的中产阶级生活：有房、吃有机食品。还有些人带来的图片显示，他们只需要满足日常基本需求就够了，比如不欠债、不用再吃罐头食品。

之前我已经跟夏洛特聊了一些，知道她很累。生完儿子后，她便辞去了心爱的工作，全职带娃。她现在每天的生活就是育儿和做家庭计划。她丈夫上班挣钱。全家就靠她的丈夫一个人的工资，还有第三张嘴要喂，她不得不精打细算。每周她都要在周边几家食杂店逛来逛去，看哪家折扣更低。为了不超出预算，购物时她不得不想各种点子来省钱，什么打折吃什么。每次她去买菜，她丈夫都要记录下来，他还会定期查看他们的消费情况，以防预算超支。

有人很享受拿到最低价格时的那种胜利感，会自豪地跟别人分享自己的经历，说的时候两眼放光，可夏洛特不是这种人。她把需要讲的一些细节如实告诉我，可我能感觉到，她并不喜欢和我交谈。她的眼神开始躲闪，次数越来越多，之前在回答我的提问时，她的声音可以听得很清楚，可现在却小得像蚊子哼哼。那些坐在后面房间里的同事在团队群聊里问我："能不能让她大点儿声？我们在这儿根本听不清。"

夏洛特的理想生活是在美食市场挑选花式奶酪，而不是在西夫韦超市购买打折食品。当我问她，她认为怎样做才能实现这一理想时，她给了我一个在我看来是很流于表面的回答——就是那种很快说出口，但让人感觉口不对心、只是在敷衍对方的回答。就好像有人问你"你过得怎样"，你的回答是"很好"，可其实你那天过得生不如死。

"我想，还是得做预算，"她说。说完，她便沉默下来，甚至有些怏怏不乐。她叹了口气，转开头。

我感觉出她的不安，便想放下这个话题，谈下一个。我甚至隐隐想要解救她，对她说"就到这儿吧，祝你愉快！"我想打断她的思路，不管它想往哪儿走，因为看起来她现在压力很大。但我知道，若是这样做，我就会失去一个听她把要说的话说出口的机会。于是，我并未改换成下一个话题，而是在等

引言
倾听即理解

待。五秒变成了十秒,十秒变成了二十秒。沉默似乎无休无止。她转过头来看着我,我温和地、静静地和她对视。就在气氛开始变得极其尴尬时,夏洛特开口了。

"我觉得我不知道怎么能达到那种状态,"她说,"我们想买个房子,可是太难了,连买菜都要到处找打折的。我觉得我们只能过这种日子了,可能再怎么做预算也不行。"

夏洛特停了下来,可我感觉她还有话要说,于是我就大声把刚才听到的话总结了一下。

"听起来好像是挺难平衡的,既要满足短期需求,又要实现未来梦想。"我说。

"你根本不懂,"她说,接着她便开始向我敞开心扉,倾诉她的恐惧与沮丧。

研究人员工具包

在过去的七年里,我担任过硅谷几家顶尖科技公司的用户研究人员、经理和导师,在此期间我磨炼了倾听技巧。

我的工作是了解那些使用或有可能使用我们制造的各种产品的人。我们的产品包括手机应用、网站、家用设备。在每一次谈话中,我都要迅速与陌生人沟通。有时他们对所谈话题并不感兴趣,而且,我常常要面对一群听众,弄清是什么让他们心动,是什么让他们疯狂,以及我们的产品为何能在他们的生活中发挥作用、如何发挥作用。这是一项具有挑战性的任务,但一个优秀的研究人员会让这个过程自然而轻松。

我已经做了近十年的用户研究,但不管我做了多少次访谈,每次访谈都会出现类似夏洛特的这种情况:受访者正要分享一些重要的事情,这时他们的情感、性情、注意力甚至是一种想取悦别人的欲望突然形成一种阻碍,令他们闭上嘴,缄默不语。发生这种情况时,我身上每一个细胞都恨不得能扭转话题,或者打断他们,把受访者(和我自己)从尴尬中拯救出来。

但我还有工作要做。在每项研究中,我都必须要发现一组特定的见解,以确保我的团队正在打造一个切实有用的产品,而不仅仅是他们认为有潜力的产品。我必须了解受访者的真实想法。我会跟踪一个拼车的人,了解他对某个手机应用的体验。(他是执着地跟踪司机的进度呢,还是把手机收起来,等司机过来?以及为什么要这样?)我会问某个旅行者,当他发现所租度假屋内的物品清单与实物不符时是什么感受,好帮助他今后更好地设置预期。(太不准确是指不准确到什么程度?哪些会被认为是有误导性?哪些是简单的错误?)我甚至还会提示某组受访者对我们的应用程序、网站或在现实世界中的体验进行批评,以了解该如何改进它们。(我们知道某款应用程序可以做得更好,他们是否也这样认为?如果是的话,我们应该从哪里开始?)

因此,我学会了在陷入尴尬境地时泰然处之。我学会了如何融入其中,向对方表明我对他们的意见感兴趣,以及如何确

引言
倾听即理解

保我对当时所听到的内容的理解。我学习到，要想真正与受访者沟通、了解他们，就得在谈话中占主动。这不是一蹴而就的，也不是劝说别人接受我的观点，而是用心地听别人说了什么、没说什么，甚至去听自己的内心独白是什么。仅仅出现在那儿，却不去参与、关注，不给对方鼓励，是不够的。

我之所以成为一名研究人员，是因为我天生就会被别人的故事吸引。我所掌握的技能使我能够为夏洛特和无数其他受访者提供空间，让他们在我这个完全陌生的人面前暴露自己的软弱、坦白说出他们对各种话题的真实感受。但最初我并不知道，我作为一名研究人员所学到的这些技能不仅在实验室里有用，出了实验室也一样有用。耐心地倾听、提出开放式问题、促成谈话，这些技巧不仅能帮助我找到我所研究的某个问题的根源，还帮助我与同事、直接下属、家人和所爱的人建立了更好的关系。

大多数人都能很好地倾听，但如果不有意识地去注意，我们在谈话中可能会出现明显的盲点。我们很容易只听到故事的一部分，或者完全误解对方的意思。沟通不畅会使平和的情况升级为负面情况，使已经是负面的情况变得更加糟糕。无论误会是多还是少，一旦发生，我们可能就会走开，感觉与他人疏远、隔绝，而不是融合在一起。当今人与人的关系越来越多地依靠各种设备来维系，而这些设备缺乏面对面交流时的那种温暖和真诚；我们离家越来越远，离家的频率越来越高；我们的社会关系越来越弱，焦虑水平越来越高，孤独感越来越强；我

学会倾听
重拾失落的沟通艺术

们身处一个充斥着自我提升、加班的文化中；突如其来的全球危机使我们不仅在文化上而且在物质上也彼此相隔甚远。我们比以往任何时候都需要与他人沟通，这时倾听给我们提供了一条前进的道路。

很多时候，我们"解决"沟通不畅的问题的办法是只关注说什么和怎么说，认为只要能把要说的说出来，事情就会容易得多。其结果是，我们可能会调整说话方式或提高音量。可是，如果关注的只是自己的讲话水平，就会有这样的风险：把谈话伙伴变成听众，而非平等的合作者。如果出现这种情况，别人就很难与我们交流，更不要说信任我们了。

相反，如果想解读他人的行为、动机，以及思考世界的方式，倾听可以帮助我们达到目的。假如我们想听到别人对某一话题的真实感受，或是想了解他们的愿望以便为他们提供最好的支持，倾听能给对方空间，让他们对你坦诚相待。如果发生了争论，或是跟那些与我们的价值观或信仰完全相反的人打交道，用心倾听有助于我们以开放的心态接近他们，而不是一把将其推开。真正有效的倾听甚至可以让别人告诉我们，理亏的可能是我们。若是懂得倾听，每一次谈话都是一个机会，都可以让我们更深入地理解他人，与他人沟通。

成为一名研究人员后，我在两个方面改变了日常与人谈话的方法。首先，我对自己的倾听习惯有了更清楚的认识，知道什么时候自己的注意力和情感会妨碍对话，并实时予以纠正。其次，我开始从一名真正的研究人员的角度来观察：是什么让

引言
倾听即理解

身边一些人能有效地倾听。这些人身上似乎拥有很多我们这些研究人员经培训后才能拥有的特质：好奇心、共情心和提出发人深省的问题的能力。这种观察对我大有裨益，它让我明白：那些我们很多人认为是与生俱来的品质（如果天生并不具备倾听能力，或许永远无法拥有它）其实是可以学到的。

于是我开始做实验，把学到的各种倾听技巧融入我与他人的对话中，看哪些有用，哪些没用。有些技巧简直就是为日常对话量身定做的；有些技巧则需要我们做些微调，才能适用于现实生活中的对话；还有些技巧更适用于某些情形，在另一些情形下，效果却没那么好。我还发现了一些新技巧，后面我会将它们应用到我的研究实践中。有时某个技巧在现实生活中根本行不通；还有的时候，我自己的一些古怪的倾听习惯会碍事。

这本书浓缩了我深化倾听实践后所学到的一些知识。在这个学习过程中，我既是一名用户研究人员、一名经理，也是别人的姐妹、女儿、妻子和朋友。它是一张指引我成为一名优秀倾听者的路线图，是我和陌生人所做的无数小时的交谈、与其他专业倾听者进行的专业访谈的产物，也是我多次个人实验的产物。我希望当你用它来指导生活中的各种关系时——无论是与谁的关系，都能发现它是有用的。

假如你正在阅读此书，很有可能在生活中你有一个特别想与之深入沟通的人。也许你想巩固跟伴侣的亲密关系，或是加深与孩子的联系。也许你想在工作中应用这些技能，充分利用

学会倾听
重拾失落的沟通艺术

倾听的力量来打造相互信任的工作关系和齐心协力的合作伙伴关系。又或者，你可能对朋友不满意，在寻找真正的友谊。不管出于什么原因，很高兴你能捧起这本书。书中讲到的技能适用于上述所有场景，而且不仅限于此。只要用心思考、尽力而为，在我们身边的人看来，无论身处何种情境，我们都能成为更优秀的倾听者。

　　让我们来看一看这本书写了什么。在第一部分，我会探索成功倾听的条件：开放的心胸、有意识的关注和敏锐的观察力。在第二部分，我会重点讨论在展开谈话后，如何更好地驾驭它。我会揭示一些主持研究的技巧和诀窍，比如如何识别未被满足的需求，何时、如何推进对话，以及如何为他人创造空间，让他们分享自己的忧虑、困难、个人希望和梦想。倾听可能需要大量精力，因此在第三部分，我将分享我们如何在倾听实践中给予自己支持，在激烈的谈话后如何恢复过来。

　　一路走来，我得到了很多人的教诲：我的同行———些研究人员、治疗师、教练、记者，还有那些无论在什么样的谈话中都能凸显共情心的天生倾听者，他们是我亲爱的同事、朋友和家人。在整本书中，你将看到倾听的绝佳范例，也将看到倾听如何在各种各样的情境中造成破坏——从研究环境到办公室、再到家庭。

　　你还会有很多实践机会，利用动手练习和自我反思提示来练习你新发现的技能，找到能帮助你在谈话中深入下去的脚本。请根据你的生活环境以及你的倾听练习的独特场景和谈话

引言
倾听即理解

伙伴的独特性格来调整这些学习内容和脚本。

在这一过程中，我们也会对自身有深入了解。我们将利用自我意识来了解每个人在倾听时的能力和陷阱分别是什么，以及如何管理它们。通过练习，你将能注意到何时可能会将自己的经验投射到别人身上，并学会在谈话中压制一切打断对方、转移方向或抚慰他人的本能。只有了解自己，才能开始真正了解和同情他人。

在读完本书时，我希望你能对有效倾听有更深的体会，了解它是如何发挥作用的，并在支持、鼓励和实践的帮助下，使这种能力为自己所有。

在我们开始之前，我想对本书内容做个说明：

保护受访者的隐私是研究实践的基石；匿名性与研究及研究结果是相辅相成的。为保持这一研究传统，你在本书中读到的任何研究都是匿名的，这意味着我已经删除或更改了一些细节，以保护我的研究对象、与我合作的公司以及它们制造的产品。我所分享的故事融合了很多我做研究人员时的研究和经历，我将它们提炼出来，将其精华呈现给大家（这也是一种具有启发性的形式，有助于我们达到目的）。除了对专家的采访以及我和我亲爱的丈夫的故事之外，本书中介绍的各种轶事——无论是否发生在研究过程中——都采取了同样的匿名方式。

> **练习：设置你的倾听基准线**
>
> 在本书中，你会发现一些练习，它们可以帮助你操练你所学到的知识。首先，请用下面这个简短测验来评估一下你的倾听技能。
>
> 1. 你的兄弟或姐妹正在极富诗意地谈论某个话题，而你对此毫无兴趣，此时你会：
>   A. 查看手机。　　　　　　B. 改变话题。
>   C. 找到一个能让你好奇的点。　D. 点头、微笑。
>
> 2. 你的伙伴正在激动地讲述自己的一项个人项目，此时你会：
>   A. 跟他讲一个让你兴奋的项目。
>   B. 开始琢磨晚饭。
>   C. 和他一起激动。
>   D. 告诉伙伴，他选对了项目。
>
> 3. 你的一个直接下属告诉你他准备离职，此时你会：
>   A. 说你也很想离职。
>   B. 尽可能多地了解他为何做此决定。
>   C. 试图理解他的感受。
>   D. 继续谈安排表上的下一个事项。
>
> 4. 你的朋友跟你谈他遭受的感情挫折，此时你会：
>   A. 告诉他你站在他这一边。

B. 给他一些处理感情问题方面的建议。

C. 让他表达自己。

D. 跟他讲他的恋人可能会有什么感受,以及这些感受从何而来。

算一算是不是全部选 C？恭喜你，你可以直接跳到第十章。多数选了 A、B、D？别担心，咱们才刚刚开始。

目 录

引言　倾听即理解

第一部分
搭好舞台

第一章　培养倾听心态　　　　　　　// 002
　　　　远离表面倾听　　　　　　　// 005
　　　　接纳共情式倾听　　　　　　// 007
　　　　培养倾听的心态　　　　　　// 010

第二章　保持在场感　　　　　　　　// 028
　　　　自我意识　　　　　　　　　// 032
　　　　信任　　　　　　　　　　　// 044
　　　　耐心　　　　　　　　　　　// 052

第三章　边听边观察　　　　　　　　// 058
　　　　留意情绪指标　　　　　　　// 061
　　　　身体语言　　　　　　　　　// 063
　　　　用词　　　　　　　　　　　// 072
　　　　声音和语调　　　　　　　　// 083

第二部分
引导谈话

第四章　明确你的角色　　　　　　　// 092
　　　　一些常见的默认倾听模式　　// 095
　　　　听出潜在需求　　　　　　　// 100
　　　　实时调整　　　　　　　　　// 109

目录

第五章	让谈话深入下去	// 114
	联结性问题帮助我们加深谈话	// 116
	断联式问题	// 128
	重新构建你的问题	// 131
第六章	灵活应变	// 134
	放下脚本	// 136
	从对方处获得灵感	// 139
	从谈话中的绕行学习到的	// 140
	适应沉默	// 142
	变个环境	// 145
	放弃原计划	// 147
第七章	确认理解正确	// 151
	双轨式谈话	// 154
	理解你所听到的东西	// 155
	回放	// 161
	解读对方的反应	// 166
	澄清信息	// 169
第八章	引导谈话	// 174
	用重定向来应对逃避	// 176
	重定向，以阻止对方在同一话题上打转	// 179
	重定向，让他人加入	// 183
	重定向，使谈话回到正轨	// 186
	以重定向来改变节奏	// 189

	重定向，以防失言	// 191
	重定向，以调解争端	// 194
	重定向，以保护自己	// 198
	当心救世主效应	// 201
第九章	退出谈话	// 204
	框定时间	// 209
	暂停一下	// 212
	转移话题	// 214
	打断谈话	// 215
	承认谈话终结	// 217
	疏远	// 220
第十章	棘手的谈话	// 228
	环境障碍	// 228
	关系障碍	// 233
	话题障碍	// 244
	自我反思：识别你的热点	// 257
	从错误中学习	// 258

第三部分　休息、充电

第十一章	给自己恢复的空间	// 262
	保护自己，不受倾听消耗的影响	// 265
	从倾听消耗中恢复	// 270
结语	提高标准	// 281
致谢		// 290

学会倾听
重拾失落的沟通艺术

第一部分

搭好舞台

第一章

培养倾听心态

伊芙是我们团队的一名年轻研究人员,她正在我们这里进行自己的第一次实习。她身旁是她的导师米娅。他们的目标是更好地了解在我们这个平台发生的网络霸凌的程度,以便我们拿出一个方案来解决这个问题。伊芙和米娅会采访一些"在实地中"容易遭受网络霸凌的名人和其他一些公众人物。"在实地中"的意思是在实验室以外的地方,即这些人所处的自然的环境,如片场、办公室、法庭,甚至家中。

前几次访谈进行得很顺利,可是在进行第三次访谈时,在受访者开始描述他在网上遭受的一些骚扰的时候,伊芙打破了一条研究领域的铁律:她打断了受访者。"那些给你写信辱骂你的人,你没理他们,对吧?"

伊芙和米娅所做的是定性研究。关于这种研究,有一种说法:从第一次访谈中你可以知道每个人都与你不一样。从第二次访谈中你可以知道并不是每个人都与你的第一个受访者一样。这种研究的规则是:只有在大约第五次交谈时你才会听到对问题的所有可能的回答,才开始能看到一些态度属性的模式,如需要、动机和感情之类。定性研究之所以要求研究人员至少要与受访者交谈五次,就是出于这个原因。

第一章
培养倾听心态

伊芙说的是她在之前的访谈中听到受访者表达的一种情绪，对一些侮辱性评论的正确反应是不予理睬。可这位受访者尚未分享自己如何应对平台上的喷子的问题。伊芙不仅打断了他，还根据自己先前听到的内容做出了回应，而不是听取眼前这位受访谈的看法。

"哦，其实是挺伤人的。"这位受访者回答道。"尽管我知道无视这些网络霸凌者对我来说要好受得多，但是很难做到。"伊芙一边心不在焉地听着，一边对这位受访者的反应进行了点评。"是的，这么说你会无视他们，有道理。"说着，她就开始进入访谈的下一部分。导师米娅注意到伊芙并未听到这位受访者的反应，以及其背后的深层情感，便插嘴道："咱们先暂时退回去几步。"她说："遭遇网络骚扰是一种什么感受？"受访者起初有些踌躇，但接下来就来了劲儿，开始分享他的故事。

"人们以为我是个公众人物，所以没必要去理会别人怎么想我，以为我没有感情，"他说，"要是有人跟你说一些很难听的话，你当然会感觉很受伤，尤其是当他们攻击我的粉丝的时候。我感觉我有责任来保护他们。哪怕是让自己受伤。"

在互联网上引战不仅影响了个人，也影响了其所在的社区。这种见解我们以前从未听说过，但这将成为本书中反复出现的一个重大主题。倘若米娅不曾注意到受访者的观点受到忽视，并及时中止对话、使访谈走上正轨，受访者就不会将他的重要见解说出口。我们的产品策略，以及受访者对该平台的使

学会倾听
重拾失落的沟通艺术

用体验就会因此而遭受打击。

我们都曾有过这样的体验：在交谈中，感觉自己未被倾听，或是像伊芙一样，错过了对方的暗示，未能真正理解他们。无效倾听很常见，每天都在发生。我们经常停止倾听，或是因为认为自己知道对方打算说什么（他很容易读懂），或是因为对对方有先入为主的意见，知道他会如何回应（他总是喜欢做主导，扮演魔鬼代言人的角色），或是因为想当然地认为自己知道他应该如何回应（正确答案是"是"，太明显了）。有时我们甚至设想自己的经验和别人一样，并期望别人会像我们一样回应（鉴于上次发生的事情，我不可能接受这个项目，他也不会）。但是，当我们不再关注谈话伙伴而让自己的想法和意见占主导时，就会错过谈话伙伴真正要说的东西。而且，也许更糟糕的是，我们失去了与对方建立或加强联系的机会，这可能会损害彼此的关系。这就解释了为什么有些团队无论尝试多少团队建设活动，团队成员似乎都无法融洽相处，为什么有些兄弟姐妹尽管有血缘关系，却难以增进感情，以及为什么即使是一辈子的邻居，多年后仍然发现彼此之间无话可说。如果我们不能听懂别人的意思或了解他们的真实感受，尽管我们的意图很好，甚至接近他们能给我们带来好处，但却无法了解他们，更不可能感觉和他们很亲近。

为了成为我们渴望成为的倾听者，我们首先需要区分是什么让某些类型的倾听有效，而另一些则无效。

第一章
培养倾听心态

远离表面倾听

当我们像伊芙一样陷入被动的倾听状态时,我们做的就是所谓的表面倾听。表面倾听是指听取谈话的字面内容,而不是情感内容,它往往以牺牲谈话对象的感受为代价。在我们过度繁忙的生活中,表面倾听效率很低,甚至毫无用处。当我们只是习惯性地去倾听时,我们能听到对方说的足够多的内容,使谈话进行下去,能完成工作,与朋友保持联系,客客气气地对待邻居和商店店主。

遗憾的是,大多数人都把大部分时间花在表面倾听模式上。当我们心不在焉地听别人讲话时,做的就是表面倾听。这时我们会按自己希望被别人对待的方式做出反应,而不是对我们的谈话伙伴实际说的或需要的东西做出反应。比如,我们特别想帮上忙,就给出一些建议和解决问题的方法,即使对方并不想要这些。或者我们希望让别人感觉好一些,就认可他们的经验,即使他们并不需要我们的口头鼓励。还有的时候,我们试图跟对方建立感情,便分享发生在自己身上的类似的故事,即使对方面临的是特殊情形。我们的意图可能是好的,但这可能导致我们听不到谈话伙伴的观点。

倾听模式中一个最常见也最容易犯的错误是将我们自己的感觉、想法或经历投射到别人身上。例如,我们可能出于跟对方聊"共同"经历来拉近关系的愿望而假设他人对事物的看法和我们一样。(你小时候养过宠物?我也养过,太棒了,是吧?)可是,由于我们通常参考的都是自己的独特经历,因此可能会错过一些信号,这些信号其实在提醒我们:我们和对方的视角可能不一样。(是的,我养过一只猫,可那段经历糟糕透了,因为我对猫过敏。)

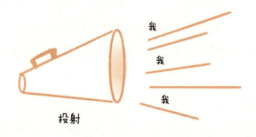

表面倾听还包括这样一些行为:同时做几件事、打断他人、心里暗暗核对或不断把对话拉回到我们想谈的话题上。这些行为会让对方感觉渺小、孤独。当我们和老板单独谈话时,如果老板未能听到我们的求助,我们可能就会得出这样的结论:无法再向他寻求支持。当我们跟兄弟姐妹分享我们正在经历的某个挑战时,如果他/她显得心不在焉,交谈结束时,我们就会感觉比刚开始时还糟糕。当我们兴奋地与配偶分享个人成就,他们却没有用回应来认可我们时,我们可能就会感觉很没成就感甚至感觉很孤单。时间一长,这样的时刻就会恶化并削弱我们的自我意识和归属感,我们可能就会感觉受到排斥、自己不值得别人关注、得不到别人的欣赏。

认识到自己何时在做表面倾听很重要,能让我们知道如何做得更好。

第一章
培养倾听心态

接纳共情式倾听

为帮助我们更好地理解谈话伙伴，了解他们的需要，对他们独特的讲话模式和手势进行解密，我们必须采取另一种倾听形式。我管它叫共情式倾听，本书重点讲述的就是这种悄然有力的倾听力量，是它使我们无论在何种场景中都能成为更有效的倾听者。

共情式倾听的核心是沟通。当我们有意让事情放慢下来、力求理解对方的内心世界时，我们做的就是共情式倾听。它意味着接受对方所说的或未说的，目的是在人的层面上理解对方，与对方交流。当我们带着一颗共情的心来倾听时，我们的谈话伙伴不仅会感觉很舒服，还会感觉自己在某种程度上被看见、被了解。当我们进行共情式倾听时，不但要听对方说了什么，还要听懂其含意，然后再进一步深入下

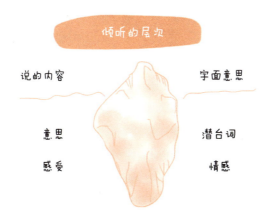

倾听的层次

说的内容　　　　　字面意思

意思　　　　　　　潜台词
感受　　　　　　　情感

去，了解对方的感受。

有了共情式倾听，我们就更容易看懂队友的需要，能自信地让他们完成自己的项目；我们也更容易看出伴侣何时需要我们的支持，朋友何时必须要吐露心中的苦闷。

有了共情式倾听，我们就能给对方创造空间，让他们安心做自己，为说话者和听话者之间进行公开、诚实的交流奠定基础。这种良性沟通循环就是我所说的倾听环。当倾听环发挥作用时，我们就能放心地跟对方交流我们的情感，也能让对方敞开心扉，将交谈深入下去，看到、听到对方真实的样子，而不是我们心目中他们的样子，这种感觉很好。我们越靠近对方，对方就越靠近我们。如果对方也回报我们以共情式倾听，那么它就是对沟通不畅的最有力的救赎。

第一章
培养倾听心态

自我评估：表面倾听还是共情式倾听？

用下面的流程图评估你的倾听习惯。

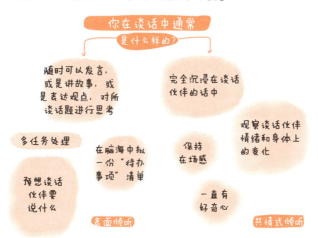

如果你发现自己做得更多的是表面倾听，没关系。

在接下来的章节中，我们会看一看学会倾听的关键构件，并学习如何增强我们的倾听能力。

如果你发现自己花更多时间进行共情式倾听，你就有了一个了不起的开始！

注意你的天然优势在哪里，我们将在练习中继续强化这些优势。注意你在哪些地方可能存在不足，我们也将花时间来改进这些不足。

如果你发现自己在这两者之间徘徊，不必评判。

在接下来的章节中，你将知道哪些情形、谈话伙伴和话题会给共情式倾听增加难度，以及如何在各种场景下开启共情式倾听。

培养倾听的心态

现在我们已能够区分表面倾听(大多数人做的都是这种)和共情式倾听(一种最有效的沟通模式),就可以开始做倾听练习,磨炼我们的倾听技巧了。

为此,我们要做好准备,让自己拥有正确的心态。这意味着谈话时要采用一种完全接受、充分关注谈话伙伴的共情方式,意味着自始至终地接纳对方、不要抱任何期望、少去关注当时我们自己的内心活动(甚至可能是我们自己的需求)。

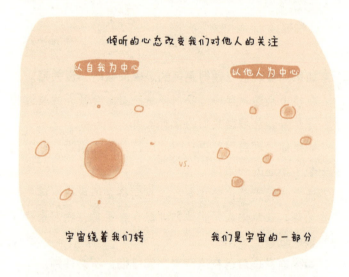

具体来说,这意味着在谈话中保持一种开放的心态——共情(自然而然地)、谦逊和好奇心。这些品质都要求我们将注意力从自己转移到他人身上,如果没有这种心态,就很难实现

第一章
培养倾听心态

共情式倾听的承诺，也很难真正与他人沟通。

接下来我们将详细讲述这几个品质。

共情：站在别人的立场上考虑问题

在做用户研究的早期，我曾采访过一些软件开发人员，以期了解他们在工作中使用的不同工具的利弊。从表面上看，我和这些访谈者几乎毫无共同之处。尽管我力求使招聘来的访谈人员多样化，但他们中很多人都是典型的湾区软件工程师形象：通常说话温和、性格内向、男性、有玩电子游戏和编程等爱好。作为一名心直口快、外向、玩电子游戏的次数用一只手就能数出来的女性，我一眼看去，我们实在是不搭。我在公司曾与这类工程师有过几次尴尬的对话，因此担心我们的访谈会很艰难，而且我们之间缺乏化学反应，谈话可能很难丰富起来。我知道我必须加倍努力，以免这些差异扰乱我们的访谈。

然而，通过共情，我找到了理解这些访谈者并与其沟通的方法。虽然我对编程的本末并不熟悉，但却能体会到他们做出重大创造时的激动心情——有时我在写作上很高产，当这样的一天结束时，我也有这样的感觉。我能感受到当他们碰上无法及时解决的难题时的那种挫败感，即使我个人对他们的工作细节一无所知。

我能理解当他们终于找到那个让他们卡了好几天的问题的根源时，是多么欣慰；对他们来说这个问题可能是一个烦人的漏洞，对我来说可能是棘手的章节结构。尽管我们有那么多不同,但我能与他们共情,感受到他们的压力、失望和成就感,而不是大谈自己。

比如,在访谈中,如果访谈者说某个编程项目终于取得了成果,我会让他们多讲讲,好去体会他们的成功过程,而不是谈发生在自己身上的类似故事、给他们提建议或将我们独特的经历做比较。关注他们的经历让我能问出更具相关性的问题。我没有停留在表面上(这个项目花了多长时间),而是根据我所了解的情况来调整方法(当一切都失败的时候是什么感觉?……你是如何从中恢复的?……还有什么)。我的共情和理解还能示意访谈者:可以对我坦诚相待(说实话,看到那一切都崩溃了,我很痛苦)。我越是能跟他们共情,就越是了解他们,我的问题就越个人化,访谈者也就越能敞开心扉。

共情是一种想象他人感受的能力。它有助于我们理解某个人的经历和背景如何塑造了他的身份、信仰和行为方式。在很多方面,共情都可以将我们从投射中解救出来,因为我们并不需要拥有他人的直接经历,就可以去想象它。我们可以利用自己的经历来理解他人可能经历的事情,但重心要一直放在对方身上。找到能与对方进行私人交流的方法——而不是将谈话转向自己——可以使我们更好地理解对方所说的话,不仅是在表面上,也是在情感上。如果我们能在谈话中实现共情,就能以一种独特的方式来了解对方,而任何其他方式都无法做到这一点。

可以用下列方法实现共情:

- **让他人的视角占主导。**问访谈对象一些有针对性的问题,引导他们多分享,开启理解访谈对象经历的过程。
- **提醒自己:这不是关于你的谈话。**如果你发现自己开始动这种念头:"我可能会用另一种方式来处理……",尽量抑制这些想法。少想如果是你会做何反应,多想想访谈者为何会做出这样或那样的选择。
- **发掘访谈者的情感。**即使你对谈话伙伴的确切经历并没有第一手经验,也要尝试挖掘对方的潜在感受,这也可能推动谈话。

以共情为出发点,我们就可以开启与对方的谈话了。

谦逊:假设你没有全部答案

在每次研究性访谈开始时,我都会告诉访谈者,我是一个中立的人,不会对他们的观点或视角发表评论,而是想听他们讲述全部。"你不会伤害我的感情的。"在邀请他们跟我分享好的、坏的甚至是丑陋的事情前,我会对他们这样说。我还会承认,我这里并没有全部答案,我做好了出错的准备。从某种意义上说，我在请他们做我的老师，而且我向他们保证：我会接受他们教我的课程，并从中学习。

　　说这几句话只需花一分钟，但却能从访谈者那里得到更真实的反应。事实上，大多数访谈者在听到我这些话时都明显放松下来，即使他们从未见过我，有时候也不知道要谈什么甚至连我代表的是什么公司都不知道，他们也会同意就某个话题发表长达一小时的看法。有些访谈者担心，如果事实证明某个设计毫无用处，我听了可能会不高兴，还有的访谈者可能不愿承认其实自己根本搞不懂如何使用产品的某个功能。他们可能太担心会说"错"，所以干脆缄默不语。把自己在访谈中表现得很谦逊的原因告诉他们有助于他们抛开这些忧虑，与我分享对某个产品、功能或想法的真实感受。我们的访谈给人的感觉变了，不再是一个必须要通过的测试，而是一堂课，访谈对象拥有执教这堂课所需的专业知识。

　　这种开场白对我这个研究人员也是一个重要提醒。如果访谈者在完成一个我们团队认为是稳操胜券的任务时感觉很困难，我知道不应该把这看成是"他们"的问题，而应考虑到是"我们"的问题，并尽力去了解原因。某个任务可能在我们看来很轻松，但在访谈者看来却很难，因为它是由一个每天使用该产品而非极少使用它的人设计的，也许我们把最根本的东西弄错了。

第一章
培养倾听心态

在进行研究性访谈时,我的目的不仅仅是学习,还要做到客观,但大多数日常谈话中并没有这些预先设置好的防护措施。在实验室以外,谦逊地倾听意味着将自己从评判中解放出来,不再假设自己已经知道答案,这样才能对他人的想法和观点保持开放的态度。当我们讨论令人不适的事情或是受到批评时,这一点尤为有用。当我们谦逊地倾听时,就能让对方说出内心的真实想法,不用担心在表达时出现"错误"。这让我们能对对方服软,能在我们之间产生亲密感,并最终能加强我们的关系。

如果不谦逊,我们可能就无法发现同事在给我们批评性反馈时是那么艰难,他们是那么坚定地要对我们坦诚相告,尽管这让他们自己不适;他们担心,若是不告诉我们某件事的真相,我们就会受到阻碍。我们还会发现,当朋友质疑我们的政治观点时,他们并非要挑起争端,相反,他们之所以愿意就这个话题与我们争辩,恰好反映了他们对我们之间的关系的深深信任。我们还会发现，尽管我们和合作伙伴会为一个让我们兴奋不已的项目激烈地辩论、产生很大分歧，但他们其实拥有和我们相同的目标：把项目做得尽善尽美。假如不谦逊，这些通向更好地理解对方的道路将会被关闭。

如果我们发现自己被一些刻板印象和其他假设分散了注意力，很难全面地看清眼前的事物，此时谦逊对我们也是有帮助的。我们对某件事情的感觉越是强烈，就越难对其他观点持开放态度，这时候我们的社交关系面临着更大风险。

当然，人都有局限性，但我并非在暗示，如果他人冒犯了我们，或者言语过激，我们依然要安安静静地坐着。谦逊并不是让我们轻视自己的观点，把它看作一粒尘埃，谦逊的意思是对错误持开放态度，要竭尽全力理解他人观点。最后我们可能依然会与谈话对象有分歧，甚至会表达出这种分歧，但谦逊可以防止我们过早做出回应。每个人都有机会表达自己的意见。

下面这些建议可以帮助将你，将心态转变为谦逊。

- **放下先入为主的观念。** 不要紧抓着自己的观点不放，给别人空间，让他们分享自己的观点。这能让你听到事情的真相或可能的样子，而不是像你假设的或希望的那样。
- **把评判关在门外。** 提醒自己，无须过度解读不同意见，因为它既不好，也不坏，仅仅是不同而已。这样你就不会对别人的不同感受充耳不闻。

第一章
培养倾听心态

- **假设你面对的是个专家。** 他人的亲身经历给了他们独特的专业知识,要理解这一点。这有助于你接受、尊重他们的观点,即便与你的观点不同。

好奇心:你是来学习的

我们的用户研究团队负责确保使用我们平台的企业、品牌和网络红人拥有绝佳的体验,多年来一直如此。这就要求我们了解经营一家企业或为一家企业工作是怎么回事;某些情况下,我们还需要了解企业和品牌如何依靠广告扩大其影响力,给网站带来流量,或是销售其产品。其实,谈论广告并不能让我心跳加速,可这是我的工作。我必须要学会拥有好奇心。

拥有好奇心意味着愿意对某个话题、想法或人物有更多了解,即便最初它并未挑起我们的兴趣。尽管好奇有时令人感觉很乏味,但它有很多好处。心理学家托德·卡什丹认为,好奇的人更容易与陌生人打交道,与不好奇的人相比,他们更能获得人们的好感。

他们更有可能与各种各样的人融洽相处,具有更强的社会亲和力。卡什丹的研究显示,我们不仅感觉与好奇的人更亲近,甚至更容易被那些表现出好奇的人吸引。

"在培养关系和维护关系方面,感兴趣比令人感兴趣更重要,"卡什丹说,"正是它让对话得以进行。"好奇心是对别人发出的一份邀请,请他们在对话中再说下去。换句话说,这是一根与人沟通的橄榄枝。

好奇心同样还能使对话更深入。当我们对谈话对象表现出兴趣时，就会让他们感觉受到重视，他们也就更愿意敞开心扉，我们则能更好地了解他们。

我们之所以会被好奇的人吸引——无论是在脱口秀节目上还是访谈播客中，正是由于这个原因。他们可以毫不费力地开启对话的深度和亲密感，发表洞见，让我们了解他人的思想和感受。如果没有他们，我们可能无法知道这些。

反过来，如果我们没有表现出好奇，可能会无意中阻止谈话伙伴分享，直到有机会他才会开口。你可能已经在日常对话中亲身感受到了这一点——你跟同事讲自己的周末，他却目光呆滞；跟朋友讲一个发生在自己身上的故事，他却瞟了一眼自己的手机。尽管这些反应可能是无心之举，可这却让你感觉受到排斥。如果谈话伙伴似乎对你要说的东西不感兴趣，你可能就会准备结束谈话：没有听众了，再说下去有

第一章
培养倾听心态

何意义?

正因如此,当我与广告商进行研究性访谈时,我不再臆想这些谈话会很无聊,而是开始挑战自己,寻找一些能激发好奇心的见解。只要有心,我总是能找到某个激起自己好奇心的东西。比如,广告商每天对自己的决策有多大信心?他们是如何在所使用工具欠佳的情况下依然做到多产的?在他们这种高风险、大手笔的业务中,存在什么样的独特压力?找到令我好奇的东西后,我就能真诚地鼓励我的访谈者与我分享他们最真实的体验,这使我能寻找到令人信服的见解,并将其带回给我的团队。

> **练习:你有多好奇?**
>
> 让我们思考一下你在谈话中的基本好奇心。我们一般会对自己感兴趣的话题更好奇,因此这个练习着重帮我们了解:当我们遇到一个会本能地有些排斥的话题时,基本好奇心是什么样的。
>
> 1. 午餐时,你的同事跟你详细讲述了她最近参加的一次露营,具体到她穿的登山鞋的尺寸以及早餐吃的是什么。你会:
>   A. 插话进来,告诉她自己最喜欢在哪些地方吃早餐。这跟露营无关,但跟美食有关。
>   B. 心里默默筹划周末要做的所有家务。

C. 找个借口离开——收件箱提示来新邮件了。

D. 问同事她是怎么喜欢上露营的，痴迷的是露营的什么方面。

2. 你的兄弟姐妹正在讲述他救助的狗最近搞的一些恶作剧。你会：

   A. 想起昨晚你的狗做的一件趣事，并立刻讲出这个故事。

   B. 查看手机上是否有新通知。你确定自己已经听过这个。

   C. 设想这些情况下自己的狗会有什么表现，它可是训练有素的。

   D. 仔细听他（她）的狗又惹了什么麻烦，没准这能带给你灵感，知道他（她）生日时该送什么礼物。

3. 你在参加一个晚宴，大家的谈话转向政治。一位客人正热切地为一位选举候选人辩护。你会：

   A. 对这位客人说的进行事实核查，随时会插话，告诉他最新情况。这些天不能相信任何人的"新闻"来源。

   B. 终于退订堆满收件箱的各类促销信息。

   C. 帮主人洗碗或擦桌子——任何可以离开房间的事情。

   D. 问那位客人这位候选人什么地方吸引他，你想知道是什么让他支持这位候选人。

   如果你的回答大多数是 A，那么你可能是一个"转动者"

   你有改变谈话内容使其对自己更有意义的习惯。你常常会插话，说出自己的想法、故事，或者纠正别人。你的焦点在自己身上,你的轮子一直在转动,因此可能会错过别人说的话。

如果你的回答大多数是 B,那么你可能是一个"分心者"

你特别擅长寻找创造性方法,让自己在无趣的讨论中转移注意力。其结果是,你只听到谈话的一些支离破碎的片段。

如果你的回答大多数是 C,那么你可能是一个"退缩者"

如果谈话无趣,你不会太在意一些微妙之处。你的首选策略是,走掉!如果不能真的拔腿就走,留在那里做白日梦也行。

如果你的回答大多数是 D,那么你可能是一个"探索者"

你倾向于理解别人的想法,在别人眼中,你能记住关于一个人的细节,知道他们的独特之处。你天生就具备做共情式倾听的素质。

打造你的好奇肌

既然你已经意识到了自己的基本好奇心,我们就探讨如何在谈话中培养它。

在接下来的几页中,你将看到:好奇心对培养与他人沟通的能力不可或缺。因此,我在这里要多花一些时间,讲述一下如何能更好地做到这一点。下面这些建议将帮助你在各种情况下产生好奇心。

寻找有趣的线索

我丈夫和我的谈话风格截然不同。在聊天中，他更注重事实，喜欢在网上搜索一些小问题的答案，或是确认一些历史数据；而我则更注重社交，喜欢回忆一些与人交往的细节，认为它们能帮助我识人、了解人的性格。但我忘了这一点：我丈夫正是靠提一些事实和数据将我们的对话维持下去，正如当我讲述某个朋友或同事的逸闻时，其实是在邀请他插话。为避免错过彼此的沟通请求、无意中不理会对方，我俩都要努力寻找一些有趣的线索，来拉动谈话。

抓住谈话中的有趣线索意味着关注那些让你惊讶或吸引你的事，这样你就能一直参与谈话，甚至可能在后面问到这件事，而不是结束对话。即便练习了抓住线索，我们很多人在日常对话中还是会忽视这一点。比如，想想你在生活中遇到的所有新的社交场合——认识新朋友、参加新工作的面试甚至是初次约会，以及你当时表现出来的好奇心，拿它们跟你平时的对话比一比。现在，看看你能否在与同事、好友和家人的日常对话中发挥出这种好奇能力。试着导入这种感受：对你来说，一切都那么耀眼、有趣，都是新的，哪怕你当时的感觉跟服刑差不多。

为了做到这一点，你需要找到你的"入口"——一个让你本能地感觉受到吸引的线索或细节，然后用这样的问题抓住它："那是什么样的？""你是怎么学会那个的？""跟我再讲讲你刚

第一章
培养倾听心态

刚说的这个部分……",这样你就能钻进好奇心这个兔子洞了。

比如,现在当我丈夫提到一些篮球数据时,我就不再自动退出聊天了。我会抓住一些自己觉得有意思的线索,问他这些数字背后关于球员和球员个性的一些东西。我听到了那些传奇,那些聚会,那些有着有趣球队传统的教练。比如马刺队教练格雷格·波波维奇曾在赛后带着他的球队到米其林餐厅大快朵颐,还有篮球界那个吃"花生酱和果冻"三明治的传统。我丈夫可以跟我讲他最喜欢的话题,我可以细细品味一路上结识的那些人。

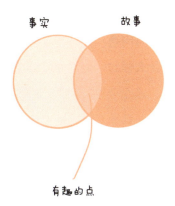

问问自己:还有什么?

这些年来,在跟小企业家做了无数次研究性访谈后,我大概能告诉你他们面临哪些主要挑战。

我知道他们当中的很多人都在拼命管理自己的时间,可能缺乏能把业务提升到一个新水平所需的资源和专业知识。我还知道他们斗志昂扬、富有创业精神、吃苦耐劳，坚定不移、满怀热情地要与他人分享自己的激情。正因为我知道这一切，就可能会动这个念头：不需再采访这个群体了（他们会说什么，我已经了如指掌）。但是，如果我就此打住，就永远不会加深自己对这个非常有趣的群体的了解，就可能会错过一些关键信息。其结果便是，无法把我们为这个群体打造的产品做得精益求精。

与其带着对自己已知的东西加以确认的目的来做这些访谈，还不如尝试着挖掘一些细节，这些细节会把我对小企业的一般知识转变成为更丰富、更细致的了解。比如，可能我知道对于小企业家来说，时间是一种极其匮乏的资源。可是，他们的日常安排究竟是什么样的？他们如何管理一年中忙得焦头烂额的那几天，比如"小企业星期六"？这些日子和那些普普通通的日子甚至是缓慢的日子有何区别？这些里程碑似的时刻给他们带来何种情感冲击？

即便拥有深厚的知识基础，依然要保持好奇心，这可以强化我们的专业知识积累，进而让我们更好地了解他人。如果你对某个话题熟谙，千万不要就此止步。相反，要问自己：可能错过了哪些细节？还能学到什么？在哪些方面，我对这个话题的了解可能是不完整的？

发现原因

有位同事曾经安排了一次会议，来讨论如何为一个团队

第一章
培养倾听心态

命名。

"这个团队名字太多,容易让所有参与的人搞混。"她解释道。她留出三十分钟的宝贵时间,让五位经理每人选一个新名字,并让大家讨论如何在企业中推出这个名字。

我的第一反应是:这种时间管理方式可不好。为何要把这些大忙人拉到一个房间里开命名大会?我们甚至都不是这个团队的成员!

但接下来我遏止了自己的这种想法,开始好奇起来。是什么在推动这场谈话?我的那位同事为何对给团队起名这种看起来微不足道的事情如此热衷?经过仔细观察并提了几个尖锐的问题后(你想得到什么结果?我们手里还有其他工作,你准备怎么安排优先顺序),我了解到,对她来说,直接下属必须要对团队的目标、流程,甚至名字都有共识。这一点极其重要。最终,我认同了她的观点所表达的精神——"必须先明确一些重要事项,才能开展伟业",即便最初我并不理解她的意图和方法。

无论对当时还是对未来,这都是大有裨益的一课。后来,当我们的两个直接下属之间出现冲突时,我想起这位特别的经理所推崇的那个流程。于是我并未把重点放在这两个同事为何无法很好地合作上面,而是把他们的冲突当成一个例子,来说明如何能使团队间更紧密合作——只要我们拥有一个共同框架和一套能促进合作的最佳实践方案,就能做到。我强调说,我们要有明确性和一致性,这就让她很想和我真心合作。就这样，我们不仅共同解决了两个直接下属之间的冲突，还从整体上加强了我们两个团队的合作。

一个人对话题的选择能说明什么？这个人为何会对这个话题如此感兴趣？对这一点感到好奇可以帮助我们，让我们的老朋友——投射，安静下来。下面这些想法可能会有用：

- 这个话题对于我的谈话伙伴有多重要？
- 他们对谈话的哪一部分特别有热情，哪一部分反应冷淡？
- 是什么促使他们对这个话题感到热情或沮丧或失望？他们之所以选择这个话题，会不会有情感上的、背景上的、个人的甚至是历史上的原因？
- 是什么促使他们对所讲的内容做出反应？
- 他们的个人经历是否会起了一定的作用？

做好准备

我们的年龄越大，品位、偏好和兴趣就会越发清晰。如果你对某些话题不感兴趣，这并没有错。你可以孤芳自赏，但这不影响你参与和别人的谈话。

与其害怕交谈，觉得自己对某些话题并无特别兴趣或是跟某些人几乎毫无共同之处，还不如来一段给自己打气的话，主动对抗无聊。首先要承认你对这次交谈没有兴趣，无论是在听同事谈论他最近读的一本名人传记（你从来不会自愿捧起这种题材的书），还是跟侄子深入探讨一些你从未听说过的科幻小说中的人物的复杂性，或是参加晚宴时听人谈政治（饶了我吧，非常感谢）。这时候，你可以对自己说，这可能并不是我最喜欢的话题，不过我可以应对它。或者说，这可能是个无聊的话题，不过我能处理。接下来就要挑战自己，争取在谈话中保持活跃和警醒，而不是漫不经心，或是走神。

重要提示

用大脑来交谈是最轻松的了，我们可以判断、假设，把自己的经验投射到别人身上。若想摆脱这种表面倾听，最佳办法便是让自己站在他人的立场上，谦逊地倾听，产生好奇心。如果能把这些品质带入谈话，我们就能踏上沟通之路。

第二章

保持在场感

几个月来,弗兰和马库斯一直摩拳擦掌地准备开展一个关于未来旅游的联合研究项目,该项目将让他俩强强联手——弗兰的调查设计能力和马库斯的深入访谈能力。由于有很多优先事项竞相上马,这个梦想一直被忽视,直到公司最终为其准备就绪。

那是一个星期一的早上,在他俩的首次项目会议上,弗兰意气风发,准备开始行动。她制定了一份两人的日程安排,开始逐一打钩。

"咱们从划范围开始。要是不小心的话,这个项目很快就会变得非常棘手,"她说,"一种选择是采取分阶段的方法,我们可以按交通方式来分,先是航空旅行,然后是私家车、火车、自行车,最后是步行。"马库斯打了个哈欠,点了点头。"也可以按出行目的来设计:首先是商务旅行,然后是休闲旅行。"她建议道。

"嗯嗯。"马库斯一边搅着咖啡,一边回应。"要么按照方法来设计?先做大规模调查,对市场有个整体了解,然后再用深入访谈来跟进。"她说。"可以。"马库斯说。

弗兰被马库斯"哼哈"的敷衍态度弄得有些丈二和尚摸

第二章
保持在场感

不着头脑,但还是坚持讲了下去。可马库斯的反应却没有丝毫变化,弗兰开始失去信心了。"马库斯,"弗兰缓缓合上笔记本电脑,问道:"这个项目在你那儿是不是优先事项?我很兴奋,我以为你也是,可现在我有点困惑了。我感觉自己在一个人作战。"

"真抱歉,"马库斯说,"我保证对这个项目是全身心投入的,只不过我不习惯早起。"

弗兰恍然大悟。问题并不是马库斯对项目不感兴趣,而是在那一刻,他无法集中注意力。他俩在星期一早上的状态完全相反。弗兰释然了,她能体会到马库斯感觉特别疲惫,特别是当他处于习惯性倾听状态时,和她下午大多数时候的感受一模一样。她也理解:身体上的疲惫,特别是精神上和情绪上的疲惫,会让人难以集中注意力。弗兰和马库斯都明白了:要想获得他们追求的那种沟通效果,就得把会议安排在上午晚些时候和下午早些时候,这时他俩都能进入状态。

保持在场感是进行共情式倾听的关键。如果能保持在场感,我们就能获取更多关于谈话伙伴的信息——他们在说什么,甚至他们的身体语言在暗示什么,这些都能让我们了解他们的实际感受。如果是群体谈话,我们就能观察到权力的动态变化和一些微妙的暗示,从中我们能感知到默契、困惑,甚至感知到平静的表面下正在酝酿冲突,之后可能变成为分歧。

在一对一的谈话中,我们可以训练自己将注意力放在对方独特的手势、转瞬即逝的犹豫表情甚至是说话时的语调上。如

学会倾听
重拾失落的沟通艺术

果我们以这种方式调整好自己,就能更好地了解谈话伙伴的真实需求。反过来,我们的谈话伙伴也能感受到我们的用心——我们关注他们时的那种温暖、耐心倾听时的那种投入、不顾其他干扰坚持留在他们身边时的那种决心,并做出同样的回应。就这样,保持在场感能让我们的谈话伙伴感觉自己受到关心、重视和照顾,这会鼓励他们分享自己的想法。

保持在场感还有其他一些好处,比如我们不会动不动就问"嗯?"这种反应可能会让我们听起来不够认真,甚至让人感觉我们的业务能力比较差。如果能保持在场感,我们就无须担心自己会问"什么,能否再说一遍"这种问题,它会让别人感觉我们心不在焉;如果是在和所爱的人交谈,则会让对方感觉我们以自我为中心。既然不再有走神时被人抓到的风险,也就不必去捞救命稻草,来解释自己为何分心(抱歉!我刚才,呃,在看时间)。

如果心不在焉,我们就会在某个问题上停滞,会答非所问,会误解对方的立场,或者就像弗兰和马库斯一样,会让对方感觉自己被排斥。我们还可能会很快做出错误举动,比如急切地告诉别人我们认为他们想听到的东西,而不是先听他们讲清楚,不是要真正了解他们。只要出现一次不专心,我们就会失去理解谈话伙伴的机会;如果屡次分心,我们就会让对方感觉自己对话题没兴趣,就会显得不专业、不耐烦,甚至态度轻蔑。这种情况一旦发生,我们的谈话伙伴可能就会有所保留。其结果便是,这场谈话感觉像是折磨、甚至是碾压,而不是一

第二章
保持在场感

次沟通的机会。

要想终结一场谈话或是一段关系,没有比心不在焉更快的方法了。

有三种技能可以让我们在倾听时保持在场感。每种技能都建立在其他技能之上,都需要有正念,即意识到某一时刻正在发生什么的能力。

自我意识帮助我们认识到,要保持在场感,我们每个人需要什么,这样我们就能在交谈中关注对方。

信任让我们能驻守在当下,放松地接受他人,而不是担心自己会忘掉重要的事情,或是错过谈话对象的观点。

耐心能帮助我们放慢做出回应的速度,给他人留出空间,让他们说完自己的想法,或是有充足的时间来处理、消化所听到的内容。

保持在场感:你的备忘纸条

耐心	记得要冷静
信任	认识到重要的事情会回来
自我意识	注意到我们的注意力持续时间有缺陷
正念	一切进展的基础

自我意识

这是我一天内连续三次跟人一对一交谈,我的大脑都要烧焦了。为了提高效率,我把自己安排在一个角落里。现在我的注意力正在下降。每次谈话,我都感觉自己掉进一个新世界,这里有独一无二的挑战、各种各样的性格和细节,我要一一吸收。

我团队中有一个叫莉莉的初级研究员,她的项目遇到了一些麻烦,现在,她正在向我汇报最新情况。她正在策划自己的首次大规模研究,在招募合适的访谈者方面,她遇到了困难。当她深入地讲述问题的细节时,我发现我很难跟上她的思路。我满脑子想的都是上一次跟人会谈的情况。一个直接下属跟我交流了他与一些有利害关系的人打交道时碰到的一些严重的障碍,我发现自己不断在脑海中反复思忖他的问题,在心中演绎着各种可能的解决方案。

"您看我该怎么办?"莉莉问我。我压根想不起来刚才我们说到哪儿了。

"把你的初步想法说给我听听。"我答道。我一般会指导我的团队,而不是去指挥他们,因此这为我争取到更多时间来了解莉莉的问题。

"就像我刚才说的,这个项目太棘手,我甚至都不知该从哪里开始。"她说。糟糕,我被打了两下——我们之前好像已

第二章
保持在场感

经讨论过这个问题,可那时我在想别的事情。先前那次谈话给我的压力太大,我不得不承认,我的思绪已经开始自己漫游了。我为自己的分心感到愧疚,莉莉没准生我的气了,或者很心烦;如果她感觉我不支持她,我也不会怪她。

意识到这一点后,我就有了更大动力,把自己拽回现场,让自己保持在场感。我可不想让莉莉感觉我在敷衍她,或是以为我觉得她的工作没意思、不重要。我也不想冒失去她的信任或是给她错误指点的风险。

当我意识到自己那么快就在与莉莉的谈话中分心了,便赶紧转回来。好吧,我对自己说,集中注意力。"抱歉,"我大声承认,"你刚才说的我没听到。能否往回退几步?"幸运的是,莉莉理解了我,把事情又重述了一遍。这一回,当我再想到先前那个一对一谈话时,我就赶紧在脑海中把它推开。这样集中注意力听了几分钟后,我明白了,莉莉的问题并非她的招募计划,而是那些有利害关系的人对这个计划的看法。"他们不知道,我为了把事情做成,在幕后多么辛苦地工作。"她说。在我刻意地集中注意力后,我们的谈话便开始更有成效了。

对自己辗转的想法有了意识后,我就能调整过来,了解莉莉真正经历了什么——既不是我在几次分心之间收集到的那些零星片段,也不是她对事情的字面叙述。集中注意力后,我就能发现她的问题的根源和压力的真正来源,这让我们的相处更有效,我们的工作关系也更牢固。我不必担心会让莉莉失望,会提出错误的解决方案，或是会破坏我们的关系。

因此，有意识地倾听对于与谈话伙伴的交谈并理解其话语至关重要。

如果我们能带着意识来听对方讲话，就算脱离了轨道，也能更好地管理我们的反应。了解自身让我们能理解对方。

下面这些提示可以提高你的自我意识，约束住你信马由缰的思绪，让你保持在场感。

为所发生的事情命名

我意识到了在跟莉莉谈话时我经历了什么——压力、分心，以及对先前谈话的担忧，这个简单的练习帮助我回到现场，应对她的实际问题。

心理学家称这种做法为贴标签或命名：明确自己所感受到的情绪，以便能更有效地管理它。当我们清楚地将所发生的事情表达出来时，就在该如何回应上，给自己一个选择。如果让我们分心的是我们强烈的情绪，这一技巧尤为有效。比如，我们发现自己处于巨大的压力之下，对自己说"我在焦虑""我对所发生的事情反应很强烈"有助于我们回到现场。为情绪贴标签可以让我们对当下有清楚的认识（是我的恐惧在抬着它那丑陋的头），并控制住情绪（是我想象力太活跃，产生了恐惧。我现在不用去理会它）。这一过程帮助我们从所感受到的东西中抽离出来，并实时监管我们的情绪。贴标签的方法不仅能使我们管理当下的强烈情绪——比如我们在焦虑时所感受到的，还能管理那些刻板的、中立的、非情绪化的想法，比如像我那样对先前一对一的谈话进行反刍，或是在脑海中整理待办事项、衡量各种晚餐方案、观察自己所在环境，以及其他任何能让你在听对方讲话时走神的想法。假如你发现自己走神了，就说出正在发生的事情，承认这一点。既可以简单地对自己说"我又走神了"，也可以说"我的想法好像又开始作秀了"。然后用一句"谢谢你的拜访，不过你现在可以走了"或"我已准备好要继续前进了"来把它们赶跑，让自己把注意力重新集中在谈话伙伴身上。

如果我们能为各种信马由缰的想法命名，抓住它们的实质，就能知道该如何处理它们。当下是否需要这些想法，让它们干扰我们？它们是否为谈话服务，还是仅仅让我们分心？若是后者，我们可以牢牢控制住想法，等需要时再让它们出来。

调整好身体

有时，发生在我们身体内的事情比发生在大脑内的事情更容易命名。关注我们的身体体验可以为我们提供宝贵的线索，让我们了解自己是否身处一个能将注意力集中在谈话伙伴身上的空间。

如果我知道将要进行一次与业绩评估或热点话题有关的谈话，在谈话中有可能需要为自己辩解，也有可能导致情绪激动，无论在谈话开始前还是在谈话过程中，我都会格外注意调整好自己的身体。

比如，我是否把自己包围起来，双臂横抱在胸前，双腿紧紧交叉？这个姿势意味着自我保护，而不是妥协。

我是否尽可能地远离谈话对象？假如我交谈时跟朋友保持距离，就不可能在争吵后很快消气。我是在深呼吸，还是急促地呼吸？假如我不放松，就更难集中精力听对方说了什么。我是否避免跟对方有眼神接触，就像躲瘟疫一样？我可能是在推卸我在谈话中的责任。我是否在左右摇头？可能我还没等对方说完，就在否定了。

接受性姿势与保护性姿势	
接受性姿势	保护性姿势
双臂未交叉，打开或伸出 脚尖朝向谈话对象 规律的眼神接触	双臂交叉 脚尖朝向门口 极少的眼神接触

如果我们能明确身体的表现，就能更好地管理自己的反应。我们可以松开交叉的双臂，在这一时刻敞开自己，释放可能会分散我们注意力的紧张情绪，并向谈话对象发出信号，表明我们已准备好，愿意接受更多。如果我们处于高度戒备状态，可以做深呼吸，使脉搏放慢。如果我们发现自己看向别处，可以训练自己，让目光重新回到谈话伙伴身上。

当我们在身体上做出接受对方的姿态时，我们就会更愿意听他们说想说的话。在我们无法控制思想的时候,可以控制身体,让自己重新回到现场。

> **练习:试试身体扫描**
>
> 对自己进行一次身体扫描,来关注身体内发生的事情。身体扫描是一种快速检查,可以使你意识到身体内的任何紧张感。从脚趾开始,慢慢上移到头顶,将注意力集中到身体的每个部位。注意在哪里产生紧张感,在哪里感觉放松。问问自己:我现在的感受是由何种情绪引起的?接下来,把呼吸集中在身体的每个部位上,注意每次吸气、呼气时身体有何变化。按自己呼吸的节奏释放紧张情绪,尽量让自己放松。每天都可以用这个练习来帮助自己集中注意力,在进行艰难的谈话前做尤其有用。

为成功做准备

我五岁的狗"麋鹿"是一条救援犬。和大多数救援犬一样,它十分可爱,但同时也难以捉摸。渐渐地我明白了,有些刺激"麋鹿"根本应对不了,比如戴眼镜的中老年男子,体型极其庞大、看上去像熊的大狗,还有某位邻居家的那只一天冲我们家门口欢快地吠叫三次的狗(说起来话就长了)。每当"麋鹿"碰到这些刺激,它就会失去理智,之前所有的驯狗努力全都白费了。

每逢这些时刻,"麋鹿"就会像驯狗师所说的那样,"超出阈值"——无法再做出理性行为,更别提听我们的话了。不过,一旦这些刺激消失,它就又变回那条正常的、愉快的狗。

事实证明,人类也会超出阈值:某些情况会让我们失去理智,很难保持在场感并进行我们所寻求的富有成效的共情式谈话。除了学习如何管理当下的行为外,我们最好还要防患于未然,让自己不要脱缰。要做到这一点,我们必须利用我们对自身的了解——哪些刺激会引发我们最糟糕的一面,哪些情形会让我们保持平静、心满意足、表现出最好的一面,并设计出能满足这些需求的环境。保持在场感需要什么?如何发现这些?如何创造合适的环境来做到这一切?下面这些提示会帮助你。

管理你的精力

若要在谈话中管理注意力,一个关键因素便是确保自己有精力,能保持在场感。这里给出一些潜在的干扰因素,大家需要注意。

就拿食物来说,我们知道吃饭会影响我们的精力水平,从而影响我们保持在场感的能力。饥饿会让我们分心,茶歇时吃点零食会让我们精力充沛,饱餐之后我们会感觉困倦。

一天中的时段也是抑制我们保持在场感的一个因素。如果你曾在下午做过演讲或是全程听过演讲,你就知道无论话题多

第二章
保持在场感

么精彩,要想抵御下午的精神不振状态,实在太难了。很多人,包括你的听众在内,都会在一天中的早些时段更清醒,更专注。

当然,这一点因人而异,正如我们在弗兰和马库斯的例子中所看到的那样,但有些是共同趋势。一项发表在《美国国家科学院汇刊》上的研究发现,法官在一天刚开始和刚吃完午饭后做出的判决比其他时间做出的判决都可能更仁慈,可能是因为这些法官摄入了很多咖啡因,吃得很饱,而且刚刚休息过,精力充沛。在一天即将结束时,法官的能量水平可能比较低,此时进行的审讯得到的宽恕率也较低。

耗尽我们的能量,使我们难以保持在场感的罪魁祸首当然是睡眠。研究发现,如果缺乏睡眠,杏仁核——即大脑中负责或战或逃的那个区域,就会进入高速运转状态。我们之所以在疲惫时更容易挑起争斗、关注负面经历而非正面经历,正是由于这个原因。

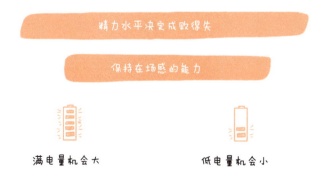

找到你的区域

饥饿、时段、缺乏睡眠都可能是导致我们无法在听他人讲话时保持在场感的元凶,但还有其他一些因素,它们也可能会影响我们每个人的具体表现。有的人可能觉得在听音乐会时与朋友共度时光能激发活力,而别人可能觉得这种环境让人疲惫不堪,因此更喜欢在一个安静的地方交谈。有的人也许可以连续进行社交活动没有任何问题,而有的人可能在第一次聚会后就累垮了。一定要知道你需要什么,这样才能在谈话中保持在场感,还要策略性地了解谈话伙伴可能需要什么。这太简单了:在安排上午的会议之前,问问你的团队是早起的鸟儿还是夜猫子;观察一下你的配偶,看他/她是和你一样在办公室工

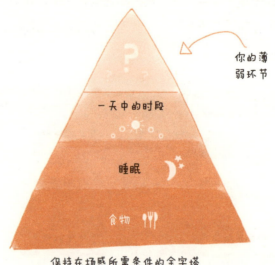

保持在场感所需条件的金字塔

作了漫长的一天后非常享受晚餐约会，还是更喜欢周末散步之类的事情；你甚至可以记下某些环境——如商场、公园、城市和乡村如何影响一些人的心情，这样在我们下次希望能和他们深入交谈时，就会注意这些。

让自己不受干扰

最后一点：尽管我们可能觉得自己是一个可以同时处理每件事的超级英雄，但为了能在谈话中真正保持在场感，我们必须要放弃这种信念。语境转换、多任务处理和处理其他分心的事情会严重削弱我们保持在场感的能力。尽量把手机和其他让你分心的元凶放在一边，尽量不要安排连续的重要谈话。我在安排和莉莉及我的团队谈话时就没能做到这一点。我们的大脑需要一点时间来处理之前经历的事情，然后才能切换，去做一些保持在场感有些困难的、但很必要的工作。

影响我们保持在场感的事物

时段　　食欲　　设备　　精力　　语境转换　　环境

为了管理我们的精力水平和那些阻碍我们保持在场感的刺激因素,可以尝试以下方法:

- **加满油**。不要饿着肚子去参加朋友的聚会,或是两手空空地去参与户外活动,因为等你到了那儿,会发现只有主人才知道自己手上准备了多少食物。所以如果要开一个很长的会,或是要参加某个马拉松式的社交活动,要像为长途跋涉做准备那样,在包里装上零食,以保持你的能量水平,这样你就能会关注谈话伙伴,而不是你的肚子。

- **健康的身体,专注的头脑**。让健康处于第一位,这有助于你表现出最佳状态,保持在场感。不要在感冒时还拼命工作,睡眠要规律,让自己得到充分休息。疲惫不堪地出现在别人面前没有意义,把照顾好自己当作第一要务,这样才能在跟别人的谈话中集中注意力。

- **抓住自己和他人的黄金时间**。如果要和人单独谈话,一定要确保你和谈话伙伴都不受任何干扰,比如不能在看电视或做饭时交谈,也不能在对方某个令人紧张的截止日期临近时与其谈话,这样可能会让他精疲力竭。

第二章
保持在场感

> **练习：能量审计**
>
> 要想在谈话中保持在场感，必须满足哪些条件？为了找出答案，可以观察自己每天的能量水平。注意在谈话中何时会出现空隙、分心、让自己的大脑游离的情况。在一天结束时，问自己下面这些问题，来识别出一些模式：
>
> - 我何时开始走神、分心？
> - 我何时能高度集中注意力？
> - 哪些话题让我感觉特别棒？
> - 哪些话题让我感觉疲惫？
> - 跟谁谈话让我充满活力？
> - 跟谁谈话让我感觉很累？

思考自己的答案，看看哪些条件能让你在谈话时完全在场、全身心投入？

该撒手时就撒手

你信心满满地想要安排好最合适的条件，但却发现自己无法保持在场感，也无法给予谈话伙伴他所应得的共情式倾听，如果发生这种情况，推迟谈话可能是上上之选。最有效的方法是坦诚相告：告诉对方你为何想搁置你们的谈话，并重新安排时间。比如，你可以这样说：

- 我想确定自己在认真对待我们的谈话。咱们上午谈吧,那时候我最清醒。
- 这场讨论对我很重要,不过我感觉自己精力严重不足。我需要吃点零食,然后才能集中注意力。你介意把谈话地点转移到咖啡馆吗?
- 我知道,太多的社交活动会让我疲惫不堪,我今天已经参加了三次了。咱们明天再见面可以吗?我需要一些独处的时间,来为我们明天的谈话充电。
- 我很想给予它应得的关注,可我累得不行了。我小睡之后给你打电话,行吗?

信任

在进行研究性访谈时,谈话对象所说的每句话都有潜在的重要性。研究人员恨不能把对方分享的每一个故事、做的观察、透露的见解甚至灵感的萌芽都实时记录下来。但做笔记会有问题,它不仅在我们和谈话对象之间树立起一道屏障,害得对方猜想我们在唰唰地写什么、为什么要写这些,甚至可能会让他们怀疑自己的回答是否"正确",还实际上会导致我们无法做到不间断地倾听。在落笔到纸上的那一刻,我们就听不到谈话对象在说什么了。

研究人员一般都会对访谈进行录音,部分原因正是这一点——如果你知道以后还可以回过头来听,就不用把每个细节

第二章
保持在场感

都写下来。但同时，很多研究人员会告诉你，这些录音其实也没必要，因为在成功进行访谈后，研究人员的头脑会很清晰，无须再去回想访谈内容。我觉得这些录音的真正目的在于让人安心：在访谈中，它们可以让我们保持冷静。如果不用担心会漏掉访谈对象说的话，或努力不去忘记被我们所听到的东西激发出的想法，我们就能专心致志地倾听，给予对方充分的关注。

无论是开会、吃饭、居家还是办公，我们在跟人交谈时经常有一种会错过什么的恐惧。不是网络上说的那种"错失恐惧症"，而是担心我们会错过重要的东西——谈话对象提到的某个细节、我们自认为值得坚持的某个想法，或是会议上提出的接下来要跟进的关键几步。与人交谈时，我们会担心没有把话听全，或是即使听全了也记不住。要想减轻这种恐惧，我们用不着像研究人员那样按下"录音"键，只要在谈话过程中记一下笔记（让我把它添加到我的任务清单中，很快就好），实时发送一封电子邮件（要不然我就忘了），或是在心中"抄录"谈话对象提醒我们要做的某个计划或某项杂事，不断地在脑海中回想这件事（可以把他刚才提到的那本书在下个月他过生日时送给他，这个生日礼物肯定很棒）。

这些技巧能让我们感觉全身心参与谈话甚至卓有成效，但有时候，同样是这些技巧，却会妨碍我们保持在场感的能力，在我们和谈话对象之间设置障碍。当我们忙着记对方说的东西或是尽量不遗漏任何事情时，可能会太过专注，以至于听不到对方之后说了什么。对于谈话对象来说，这可能表现为我们与他们的眼神接触少了，打断他们谈话的时候多了，他们还会越来越怀疑我们根本没在听他们讲话。在研究性访谈、一对一会谈甚至是在工作面试时，这种行为可能非常不和谐。

如果说自我意识帮助我们了解自己，以便能更好地参与到他人的谈话中去，那么信任则帮助我们静下心来做更多事情，而不是仅仅在场。当我们谈到信任时，我们想到的是人与人之间或群体与群体之间的信任。但我们也可以信任自己：相信自己能记住必要的东西，相信自己能注意到恰当的提示，不要焦虑——总觉得自己会遗忘某个重要的见解。不要担心，因为我们相信自己有这个能力。

如果我们能拥有这样一种态度：相信我们不会遗漏任何重要的事情，就没必要立即采取行动，就能保持冷静，只要去倾听就好了。其结果便是：谈话会走得更远，正因为没有被那些可能重要的东西拖累，我们能听到更多真正重要的东西。无须担心会错过谈话中的某个要点，而是可以将这部分精力用于保持在场感。接下来我们学习如何做到这一点。

定位情感

不要试图把谈话对象说的每个字都记住，可以将目标定位为理解其要点或整体想法，以帮助我们在谈话中保持在场感。这意味着放弃一些分散注意力的细节，为更深入的理解腾出空间。比如，在实验室访谈中，我的重点可能是了解受访者是摸透了试用品还是对它很困惑，觉得它好用还是难用，以及为什么，而不是试图实时记下每一次点击、敲打、叹气或是精确的解说。这一点做起来比听起来容易，这要归功于所谓的记忆的逐字效果。之所以称为逐字效果，是因为记要点比精确地记住每一个字要容易得多。换句话说，我们对意义的记忆天生就比对细节的记忆要好，而意义，对我们来说，存在于共情，即感受到他人的感情、信念和经历。大脑对情感的记忆也相当好——比对细节的记忆好，这对我们来说真是幸运。

你很可能之前亲身体验过这一点：越是在人性或情感层面产生共鸣的事情，你就越有可能记住它。

婚礼誓词、政治竞选承诺、公司的年度招聘计划的细节很难记（而且往往也并不重要），但细节背后的情感却让人难忘（某个朋友陷入了爱河，某个熟人对某个求职者感到很惊喜，公司老总担心资源不充分）。同样，如果我们能从同事的项目更新细节中看到他们已不堪重负，从兄弟姐妹繁重的一周工作中听出他们的压力，就不可能会忘记我们的谈话。一个人的感受要比他当下所说的确切话语更难忘记。

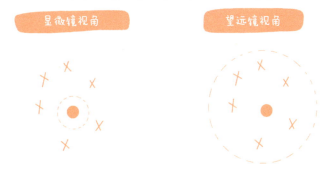

如果过于关注细节，就会听不到大部分谈话

显微镜视角　　　　　望远镜视角

所以，给自己一些方便吧，不要费尽力气地想一字不漏地记住事情。相反，你可以信任自己的那颗心和直觉记忆，它们能帮你记住最重要的东西。

留出时间后面做

当然，在任何特定的谈话中，我们都还是可能会发现一些有趣的细节，希望能将它们保留下来。当这种情况发生时，我们可能再次受到诱惑，想把事情写下来，甚至想在脑海中把它们记录下来。但是如果忙于记录当下发生的事情（以免后面忘掉）而担心会漏掉重要的东西，最好在谈话结束后留出时间来捕捉这些细节。可以试着在谈话结束后立即留出时间，简短地记下你的想法，甚至可以趁这些细节还清晰地留在脑海里时跟朋友或队友进行汇报。本来你就能记住大概，所以几分钟就够了。如果知道自己提前预留了时间，你就能全神贯注地投入对话，不受任何干扰，不会在聊天过程中感觉紧张。如果特别不想错过谈话对象说的什么事情，这个方法尤其有效。

不要太把自己的想法当回事

有时候我们想留住的并不是谈话对象的想法，而是自己的想法。我们可能不想失去在一场丰富的讨论中萌发的一个颇有见地或有趣的想法，不想忘掉一件刚刚想到的待办事项，也不想忽略在一次鼓舞人心的谈话中产生的顿悟。在那一刻，这些

第二章
保持在场感

想法可能让你感觉很重要。但如果认为自己在讨论过程中产生的每个想法都至关重要,就无法保持在场感,无法关注谈话对象了。

其实,我们的很多想法都在分散我们的注意力。那些我们努力想保留的想法中有些可能值得回味,比如你反复思考的问题有了一个令人激动的解决方案,或是准备尝试一个新食谱,突然来了灵感;但大多数都无足轻重,无非是在提醒我们有哪些任务,而这些任务都是可以延后的,比如在脑海中起草一封电子邮件,做一个食杂购物清单,以及其他一些不重要的想法,它们不知怎么就在谈话时钻进我们的脑袋里。

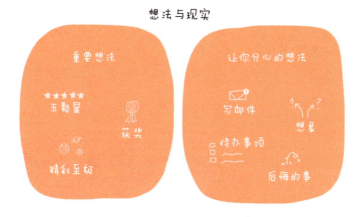

想法与现实

虽然在谈话中想法会自然而然地在我们的头脑中流动,但我们没必要让它们信马由缰。如果我们记住并非每个想法都很重要,就能把自己从它们的控制下解放出来,集中注意力。释放我们的想法有助于保持在场感,这样我们就能理解谈话对象的观点,听到他们的想法,但如果我们不断反刍自己的想法,就不知对方讲了什么。

如果我们的脑海中冒出一个想法,而我们受不了诱惑,很容易让它喧宾夺主,可以用这个信条来安慰自己:如果它真那么重要,还会回到我这里。通常情况下,它会回来。

> **练习:评估你的想法**
>
> 试一下这个简短的冥想练习,了解自己的思维模式以及这些想法何时会让你无法保持在场感。
>
> - 找一个安静的地方,不受任何干扰,将定时器设置为几分钟。闭上眼,开始静下心来。
> - 注意脑海中出现的每一个想法,不要去评判。想法的多少没有对错,也没有种类之分。
> - 当想法进入大脑时,将它放下。如果发现自己又回到这个想法,想留住它,甚至将其加深,只需注意到即可,继续下一步。
> - 定时器响起时,迅速在纸上记录每个稍纵即逝的想法。
> - 回顾自己的想法清单。哪个想法跟最初想到时同等重要?哪个想法再想的时候实际上已微不足道?

对大多数人来说,清单上的很多想法可能都是不重要的。这很正常。我们的大脑有很多话要说,但我们并不需要总是将这些想法置顶。释放它们，对不对？

紧急例外情况

在极少数情况下，我们的确需要在某个想法一出现时就立即对它进行处理。也许你意识到自己未曾签署过那个许可单，也许你儿子的实地考察刚好在今天。

也许经理提醒你，今天是你的新员工到公司上班的第一天，你可能需要立刻把他带到办公桌前。

如果某个想法已经迫不及待，你最好还是正面处理这件事。可以轻声告诉谈话对象你在想什么，你需要暂停片刻，而且你坚信停顿之后会重新接续上谈话。可以这样说，"我刚刚意识到……让我打个电话，这样我可以更专注地参与谈话"，还可以说"我完全把这件事忘了……让我赶紧把这个记下来，这样我就能专心跟你谈话，否则我会一直想着怎么记住它……"。这样，你就可以避免完全忽视谈话对象，也不会因心神不宁而根本听不到他们在说什么。

记住，在谈话中一定要审慎对待因紧急情况而暂停谈话的频率。什么是紧急情况、什么不是紧急情况，要对自己诚实。只有在有必要时才停下来，否则谈话对象就会觉得你总是心不在焉，你这个人很难靠得住。

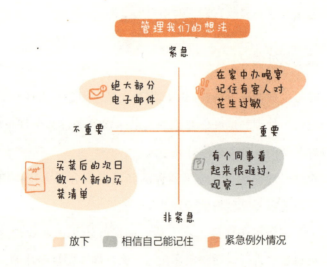

耐心

在职业生涯早期,我注意到:在团队会议上,只要经理或团队领导对大家提出一个问题,我就会迅速回答。或许是因为我和三个姐妹一起长大,习惯了在集体场合发言,对争夺发言时间毫无顾忌。我还想尽快把事情办完,效率高一些,所以如果需要大家讨论某个话题,或是对某个问题集思广益,还有什么能比献计献策更能推动事情进展的呢?虽然我随时准备发言,但我也意识到,我的团队中有人从不开口。

迭戈就是这样一个队友。他是一个刚毕业不久的大学生,六个月前刚入行。他很聪明,像大头针一样尖锐,但却很少在会议上发言。慢慢地我开始怀疑,我那么踊跃地第一个发言,会不会让像他一样的同事很难参与进来。于是我开始退缩,强

第二章
保持在场感

迫自己不要做第一个插话的人。有时候我会默默看着时钟上的秒针,让自己有事干。还有的时候,我会避免与经理有眼神接触,这样我就不会因让她的问题在沉默中悬而未决而内疚。起初这导致了一些尴尬局面,但也起了作用。迭戈的发言开始多起来。

看到迭戈从自己的壳子中走出来,真令人兴奋,但更有意义的是,我们能从他那里学到东西。他是科技界的新人,又是外籍人士,所以他的参考点很独特,令人耳目一新。跟很多长期工作的员工相比,他贡献的突破性想法和创新型解决方案要多得多。随着时间的推移,他在小组会议上了有了发言的空间,成了团队中的重要成员。

如果信任能帮助我们更充分地听取他人的看法,那么耐心就是我们给予他人的回报。这两者是密切相关的,因为两者最终都能使我们听见谈话伙伴所说的内容。但是,缺乏耐心会增加风险,使我们更难与他人沟通。无论我们是急于贡献自己的想法,努力做到高效,对如何进行下去很有把握,还是感到有压力要参与进去,或者只是喜欢与别人沟通,通过给别人表达自己的空间,我们不仅可以更好地了解他们,而且更有可能以一种可以使谈话深入下去的方式做出回应。比如,我们可能会发现:作为决策咨询人,我们可能极其有价值;作为教练、引导者、倡导者,甚至是他人想法的挑战者,我们卓有成效。我们可能会发现,我们的谈话伙伴拥有得出自己结论所需的一切,或者相反,他们需要更多的信息来做出决定。而在小组环境中，保持耐心可以让我们吸收一系列的观点，为我们的立场提供信息，这有助于我们更好地合作，为小组做出最佳决定。

这里提供一些技巧，当你需要耐心时，可以试试它们。

松弦，而不是上弦

真正帮助我在小组会议上放慢脚步的，是反复提醒自己要松弦，而不是上弦：每当一个想法或可能的反应进入我的脑海时，我并不立即进行衡量，而只是观察它。

我是在咨询了克里斯蒂娜·佩里之后开始这样做的。佩里是一位在硅谷工作的生活教练和倾听专家，她经常将正念练习带入她的教练工作中。她鼓励客户将自己的状态调整到当下，以帮助他们在工作场所建立关系和影响力。她告诉我："正念是对房间里正在发生的事情保持清醒。"她说："我们不是在准备好围观，或是酝酿出我们需要说的话，我们只是在这里吸收，这样我们就能在谈话中保持灵活、冷静、更有反应。"

我们可以通过观察自己的想法——而不是让它们抢风头——来练习正念。当我们能够放下规划"正确"反应，或停止倾听自己的叙述——我们相信、假设或希望这些叙述是真实的——就可以更好地专注于谈话伙伴在当下实际所说的东西。要在谈话中松弦，产生想法后观察它们，将其放行，不要做任何评判，并提醒自己返回到现在。

第二章
保持在场感

等待和观察

有时我们会对听到的话迅速做出反应,甚至都不等对方说出来。几年前,我进行了一项研究,带着我的团队走进受访者的家中,观察他们如何烹制一日三餐。我很想看看他们如何把新科技(手机应用、声控计时器等)和老方法(烹饪书籍、食谱剪报甚至是他们的好记性)融入其烹饪过程。

有很多次,当我注意到一件事时,特别想立刻问个究竟。受访者是否经常按意面包装盒背面的食谱来烹饪?他们对自己煎烤牛排的能力有信心吗?他们是否担心时间问题?是否走了捷径?但如果我当时问了这些问题,就会错过一些有潜在重要性的信息。如果我这样做,轻则会打断他们的烹饪流程,害得他们遗漏关键的一步,重则会使他们偏向某种特定技术,让他们紧张,甚至无意中导致他们改变过程,为我"表演"他们认为我想看到的东西。

在研究中,这样做的风险很高:假如打断了受访者,就可能再也没有机会来了解他们真正想说什么或想做什么。如果屡次这样做,就会有使数据发生偏离的危险。于是,每当我有什么迫不及待的问题时,就会等一等,看看受访者的行动是否能为我解答这一问题。我纹丝不动地坐在那儿,静静地观察他们,这样就能很快明白访谈对象是在手忙脚乱地按食谱来烹饪,还是轻松自如甚至兴致勃勃地在做饭。我没去问他们的食谱来自哪里,只是注视着他们,看着他们放下烹饪书籍,打开心爱的烹饪应用程序。我让自己做墙上的一只苍蝇,我这样了解到的东西比直接提问要多得多。

如果你急不可耐地想发表看法,考虑一下这样做可能会错过什么信息。暂停一下,等在那里,什么也不要做。数到十,看看自己在做到保持在场感、进行观察后了解到了什么。如果觉得这实在太难,可以设置一个身体上的限制,比如坐在自己的手上、在椅子上扭动身体,如有必要甚至可以轻轻掐自己一下,我发现这些都可以帮你在暂停时打发时间。

不要去读心

人们说如果你和某个人很亲密,那么对方一句话还没说完,你就能接下去,反之亦然。据说双胞胎、兄弟姐妹甚至某些夫妻都拥有这种能力。有时我在和丈夫交谈时,会有这种感觉。当他向我分析他在报纸上读到的东西时,我会激动地插话,把他的想法说完,可他却停下来纠正我:"那其实不是我想说的"。真糟糕!

抢话可能是我们争取与他人沟通的方式,但这极少能让我们达到目的。我们之所以会插话,可能是太兴奋,急于跟对方交流,也可能是想显示我们对对方有多了解,但这时谈话伙伴还没把想说的话说完,我们会错过这部分内容。对于谈话伙伴来说,这种行为可能会让他们感到受伤害(你这么快打断我,肯定是不重视我的意见),特别是当我们以为自己知道谈话伙伴想说什么但却弄错时,他们更难受(你以为我这么想?恐

第二章
保持在场感

怕你根本不了解我）。这甚至可能让对方彻底闭上嘴（"算了"是我家的死亡之吻）。如果发生这种情况，你可能不得不想方设法哄对方说出想说的话或者承认他们不想说了。

为了抑制抢话的冲动，你可以尽全力提醒自己：每个人对信息和情感的处理都是不同的，都有自己节奏。谈话伙伴可能还在整理思路，可你却催促他们分享。再者，你对他们将要说什么所做的假设可能是错误的。下次再有抢话的欲望时，记住会有什么危害。你可能是在把谈话伙伴推开，你愿意这样吗？

重要提示

如果我们在与他人谈话时能保持在场感，就等于在邀请谈话伙伴跟我们分享更多经验、观点和感受，同时不去打断他们，也不会分心。这让我们得以了解他们——他们如何思考和他们的感受，是什么让他们那么独特，还能从他们身上学到东西。意识到自己会有游移不定的想法、相信自己的记忆力以及发挥耐心，我们就能按我们所期望的谈话伙伴对待我们的方式来对待他们。注意自己分心的时刻，对你的人际关系进行投资，当你发现你的想法闯入画面时，让自己的喷射器冷却下来。重中之重是，要专注。

第三章

边听边观察

任何曾与自我报告数据打交道的人都知道,这些数据可能有假,因为它们是人给出来的。只需回想一下每当年度体检医生问你饮酒习惯的时候——你在回答时是不是撒谎了(我每天晚上真的要喝三杯红酒?太尴尬了,还是说一杯吧)?正因如此,在做用户研究时,我们知道不能总是从字面上理解受访者的回答,以免把某个人的意图、愿望或我们对他的印象(我每天都锻炼)和真实情况混淆(我有个健身房的会员卡,要是不用,我会感觉有罪)。相反,在通过调查或访谈采集到

第三章
边听边观察

自我报告的数据后,我们应该将其与观察到的数据(来自访谈对象对某个网站或应用程序的使用)或人种志研究(在自然环境下由其行为表现出来)结合起来,来了解人们的言语、想法及实际行为这三者之间的关系。

比如,你用某个音乐流媒体服务来满足你对音乐的所有需求。在研究过程中,你告诉我你喜欢古典音乐,但我在你的播放列表中看到的都是流行歌曲,这时我就知道,得深入挖掘下去,以了解你对该平台的真实使用情况,以及你为什么一定要掩盖自己的音乐品位。也许你根本不听古典音乐,但认为自己应该听("我听古典音乐",这听起来很了不起,对吧)。也许你为自己喜爱流行音乐感到难为情,想掩饰这一点("嘿!这才叫音乐"是我有史以来最喜欢的专辑,但我不可能承认这一点)。或者你确实喜欢古典音乐,但并不像你以为的那样会经常听(我真有那么久没听过维瓦尔第的《四季》了吗?那曾经是我的最爱之一啊)。

我们所说的可能并不完全准确,其中有很多原因。当我们的人生体验与我们身处的文化对我们的期望及社会规范不一致时,我们就可能会感到羞愧。我们可能会为自己的行为感到羞愧(如果我承认我每天到底看了多少个小时的电视,我听起来会像个电视迷)。我们可能会拒绝说出真相,用欺骗的方式进行自我保护(如果我不承认,就不可能是真的)。

还有的时候,我们以为自己说得很准确,但实际上并非如此。事实上,我们可能很难准确地估计时间间隔、预测未来、回忆过去甚至是表达我们的满意度。比如，我们可能会低估在某个问题上花了多少时间，或者某个问题需要多长时间才能解决。再比如，我们说自己会准时到达某地、不会花很长时间，或是说肯定能在最后期限前完成任务，但实际上我们已经高估了自己的能力。

还有一些时候，我们估测得几乎准确，但很容易被误读。住在棕榈泉沙漠里的人说天气很热和住在旧金山二十摄氏度的天气里的人说天气很热，其意思可能大不相同。这就使误读和差错形成了两个可能的轴：一个是说话的人，另一个是听话的人。

对事实的误读
你所说的与你所做的和我听到的

第三章
边听边观察

若想进行有效的共情式倾听，关键是要始终拿一个人的行为来衡量他所说的话。除了观察他声称自己所做出的行为，还要观察其实际行为，这可以帮助我们了解他的自我认知、欲望及其在现实生活中的一些习惯。它还可以帮助我们将自己对事实的解读与对方的解读进行校准，因为即使我们真正做到直言不讳，在很多时候也会被误读。

若不观察，就会错过全貌。在研究实验室中，这意味着拿到的是糟糕的数据；在现实生活中，这可能意味着在错误的前提下建立感情（我也喜欢古典音乐），或者直接错过建立感情的机会（太遗憾了，我其实真的很喜欢热门歌曲）。

留意情绪指标

如果我们的目标是在谈话中进行沟通，那么把观察的重点放在理解谈话伙伴的情绪上，就能使谈话取得最大进展。如果能解码谈话伙伴在说话（或不说话）时的感受，我们就能透过别人彬彬有礼的面孔、戒备的天性或经过修饰的个人形象，了解其真面目。再者，如果能实时感知到谈话伙伴的情绪，就能做到有的放矢。我们能让他们收回锋芒，了解到究竟是什么在困扰他们，或者干脆彻底放弃和他们进行激烈的讨论，给他们一定的空间，让他们复位。越是了解他们的感受，我们就越能更好地理解他们，能更恰如其分地调整自己的回应，我们和谈话伙伴的关系也就越发亲密。

学会倾听
重拾失落的沟通艺术

为了深入了解谈话伙伴的感受,在倾听对方谈话时,我们可以观察这三个重要因素:身体语言(言语之外的线索、手势)、用词(我们所用的语言)、声音和语调(音高、音调、节奏)。这些线索中的每一个都能给我们提供关于对方在情绪层面的动向信息,因此我把它们称为情绪指标。学会阅读这些线索可以培养我们的情商,还能提升我们进行共情式倾听和做出回应的能力。

当你在学习身体语言、用词、声音和语调这些线索并在其后的谈话中表现出来时,请记住,尽管我们可以确定这些线索通常意味着什么,但不应该孤立地对它们进行解读,而应联系上下文来推敲。比如,口吃这个线索对某个人来说可能表示紧张,对另一个人来说则可能表示有语言障碍。你要根据自己的个人经历和情况,利用自己对谈话伙伴的了解,对这些常见的非语言线索进行最佳解读,来补充你对其语言的理解。

第三章
边听边观察

身体语言

作为研究人员,在你落座的那一刻,我的工作就开始了。陷在椅子里、不脱大衣、双手交叉、远离桌子——如果你呈现出这种身体语言,我就知道我得下番功夫,暖暖场,让你放松下来,跟你建立融洽的关系,这样,你就不会感觉自己像个实验室里的标本,或者感觉在接下来的六十分钟要参加一次考试。相反,如果你轻松地坐下来,在我们共同使用的桌子上占据空间,摊开一些个人随身物品——这儿放个包,那儿放件外套,桌角放上手机和水杯——把座椅向后调,调整到舒适的角度,吃我们为受访者准备的一些零食(大多数人都不吃),凭直觉我就知道,从你那里很容易获得反馈,我并不需要做特别的鼓励。如果说非要做什么,那就是:如果你开始主导谈话——毕竟你已经在这个屋子里反客为主了,我可能会收紧缰绳。一句话还没说,我们就可以了解关于对方的很多情况。

关注谈话伙伴的身体语言可以让你对他们的想法和感受有宝贵的认识——如果仅仅听他们说话,你可能无法获得这些认识,有时候他们甚至可能根本不愿用语言来表达。在这些身体语言中,眼神接触、如何摆放自己的手脚、模仿、身体接近程度和手势尤其能告诉我们谈话伙伴的很多感受——对某个话题、环境、现在的公司甚至对你的感受。这些姿势可以帮助我们理解谈话的各方何时处于融洽状态,何时不够融洽。它们甚至能揭示哪些话题让我们的谈话伙伴感到不适，哪些话题不会引起他们的担忧。从更广泛的意义上说，它们就像是晴雨表，让我们知道他人何时自在、何时不自在。当然，破译非语言手势并非一劳永逸，我们需要不断跟踪他人的行为来理解其意义。

我喜欢考察四个区域，每个区域都有自己的标志，可以帮助我解读谈话伙伴的意思：

- 灵魂之窗区
- 自我调控区
- 联盟区
- 参与区

接下来我们看看如何理解这些谈话中的区域。

第三章
边听边观察

灵魂之窗区（眼睛）

我们的面部表情有很多含义。有些人是扑克脸大师，绝不轻易泄露自己的情感。有的人则像一本摊开的书，很容易被人看懂——无论他们是有意还是无意。除了关注微笑、皱眉、哭泣这些明显的面部表情外，只需注视彼此的眼睛，就能了解很多关于谈话伙伴的感受方面的情况。

眼神接触——有人喜欢它，有人讨厌它。与他人的眼神接触能保持多久、多强烈，这因人而异，每个人的程度不同，但眼神接触本身就很能说明问题。眼神接触代表好奇与开放，甚至能传情达意（想想"含情脉脉"这个词，你就知道我指的什么意思了），它还表示你我都在参与当前的谈话。研究发现，眼神接触甚至能激活大脑中负责处理他人的情感和意图的区域。换言之，眼神接触有助于我们共情。

反过来看，回避与他人发生眼神接触可能是缺乏信任或安全感的信号。假如一个同事坐在你身边，像躲避瘟疫一样躲避与你眼神接触，你就要注意了。不管是话题本身的问题，还是现在这个公司让他感觉很困扰，总之他看起来好像有些别扭。虽然不时中断眼神接触是件很自然的事，而且在进行艰难的谈话时这样做甚至可能是有益的，但如果谈话伙伴完全避免与你发生眼神接触，这应该是个线索，说明你要多下些功夫，跟对方进行沟通。

学会倾听
重拾失落的沟通艺术

自我调控区（手、脖子、锁骨）

有时候谈话伙伴比他们表现出来的更焦虑。他们可能面带微笑，但注意，手可是最能泄露天机的。有些人会不停地按笔，有人会抓解压球，还有人会咬指甲或绕头发。还有可能，他们会本能地把手伸向脖子或锁骨，拉扯衬衫领子，玩弄项链，或者干脆摸后脖颈。如果对方的手很忙，你要注意了。这可能是谈话伙伴感觉紧张或不舒服并试图使自己平静下来的迹象。他们看似心不在焉、坐立不安，其实可能心事重重。

当然，这些手势有可能反映的不过是一种习惯性动作。要想恰当地解读这些指标，你得注意它们是否以任何可预测的形式出现，比如在讨论某个特定的话题时（如绩效评估或其他常见的令人紧张的话题）、在某些场景中（如工作面试）出现，甚至在与某类特定的人（如姻亲）相处时出现。如果看到谈话伙伴有自我调节的迹象，可能就需要引导他/她离开焦虑的边缘，而不是简单地将谈话向前推进。这并不是要你大声说出他们的紧张（你紧张吗？不用）——这可能只会加重他们的紧张感，如果他们试图用微笑来维持局面，就会产生这个效果。相反，如果你们谈的是一个令人生畏的话题，你的语气中可以带点戏谑调侃，让他们放松一下，让紧张的候选人定神，或者捏捏伴侣的手，让他们知道他们做得很好。

第三章
边听边观察

联盟区（臀部、躯干、镜摹）

一些非语言手势可以告诉我们谈话伙伴是否感到舒适、融洽，甚至被尊重。我们可以观察他人的臀部、躯干，观察他们是否在模仿，这些线索（及其他线索）可以帮助我们了解他们的感受。

镜摹

镜摹是一个自然的潜意识过程，即人类天生就会"照镜子"或者模仿彼此的身体语言。我们做的很多事其实都算是镜摹：在入职培训时对新员工的热切微笑做出回应；在拥挤的剧院里，当其他观众拍手鼓掌时，你也这样做；模仿那些与你长期相处的人的手势和举止；甚至在一次富有成果的会议上，跟你的同事坐姿相同。镜摹出现时，意味着群体中的关系很融洽。

说道交谈，你可以观察其他人是否自然地进行镜摹，这能让你感觉到你和谈话伙伴之间何时产生融洽的关系，何时可能没有。自然镜摹很微妙，我们大多数人都注意不到它的发生。反过来，如果你观察到有人积极跟踪你的身体语言，迅速调整其姿势，以求与你一致，并强迫自己模仿你的每一个动作，就像在玩"西蒙说"这个游戏，他可能是装出来的。又或者，如果谈话伙伴一动不动，这个线索可能说明他们感觉不适。如果你们之间缺乏融洽甚至一点也不融洽，你可能需要多下些功夫,在谈话中进行沟通,或找到一条进入你希望谈论的内容的路径。

身体靠近度

通过观察两个人是靠近还是远离对方,我们可以一目了然地了解他们彼此相处时的舒适度。这有时显而易见:如果关系融洽,他们可能会在开会时专门挑对方身边的位子坐,如果关系冷淡,则会坐在桌子的两端。

但这往往很微妙,有时甚至是下意识的,此时,密切关注臀部和躯干这一联盟区能让你了解很多秘密。那些相谈甚欢的人可能会向对方靠拢,如果坐着,他们的上身会向同伴倾斜,如果站着,身体则会一点点向他们靠近。注意,这不一定表示身体上的吸引(不过也有可能)。

了解一个人是否与我们或群体中的其他人相处得很舒服,可以为我们的谈话方式提供参考。例如,如果我注意到两个队友坐在一起,身体僵硬,四肢收拢,一点点地在远离对方,仿佛生怕进入彼此的个人空间,我就知道,在讨论让他们在项目中结对时,我得小心翼翼地提出这个话题,并为可能出现的消极反应留出空间。或者,如果谈话伙伴在我讲故事的时候开始向后靠,直觉告诉我,他们可能已经筋疲力尽了,我最好赶紧结束。

第三章
边听边观察

全面把握（姿势）

逐一解读这些区域会让我们有更多收获，但要充分利用我们的观察力，则需要把所有的碎片整合在一起。姿势——一个人从头到脚的样子——可以让我们全面把握谈话伙伴：他们的想法、感觉和意思。如果看不到谈话伙伴全身，就可能会对对方一知半解。所以，如果你曾试图在跟某人视频通话（只能看到他的脸）时"读懂"他，你可能会发现这极富挑战。

解读某人的姿势的一个简单方法是看他（她）在房间里占据了多少空间。这与身材关系不大，因为即使是最瘦小的队友，如果他伸开双腿，把它们搭在面前的桌子上，肘部弯曲，支向两边，双手交叉放在脑后，也可以看起来像个大块头。

他在用这个姿势表示他很舒适，一切都在他的控制之中。反过来，即使是个高个子，如果他驼着背，跷着二郎腿，双臂紧抱在胸前，也会显得很小。这些可能是很久以前养成的习惯，也可能标志着他对自己或自己的想法缺乏信心，甚至可能标志着他不想发生冲突。

把谈话伙伴的姿势和群体里的其他人相比较，也能看出很多东西。比如，如果一间屋子坐满同事，只有一个人一直站着，这个人一定拥有一些权力。晚宴这样的休闲场合中也会出现这样的情况——客人落座时，主人站在那里，从容不迫，行使着自己主人的职责，掌控着场面。以这些方式占据空间的人可能是在表达自信、肯定、控制、严肃,甚至是在宣示主导地位。

事实证明,注意到这一点对交谈大有裨益。如果我们需要促进团队讨论或几个朋友之间的谈话,了解该群体的动态可以帮助我们更有效地调节它,并确保即使那些在座位上退缩的人在谈话中也有发言权。如果需要某个群体的支持来做决定,我们就得和更有主导性的朋友或同事合作,以期影响其他人。如果我们注意到谈话伙伴在我们面前总是束手束脚,我们就知道,可能要加倍下功夫,创造一个安全的空间,让他们参与进来。

下次在谈话时,请考虑以下这些非语言手势和它们的共同含义。同时记住,阅读身体语言是一种艺术,而不是科学。把你对谈话伙伴的了解和当时的情况结合起来,最大限度地理解你所听到的和看到的东西。

参与区(脚)

有时我们能明显看出谈话伙伴心不在焉:假如他们因无聊而目光呆滞,或者开始埋头玩手机,我们就知道,他们已经从谈话中抽离出来。但通常这些反应要微妙得多。在讲话时,我们可能意识不到自己表现出下列情形:与同事就工作上的某个话题交谈时说得技术性太强;在晚宴上与人交谈时,聊得忘乎所以;在联谊活动上问对方太多问题,慢慢地我们就把谈话伙伴推远了。我们错过了什么信号?为了解谈话伙伴的真实想

第三章
边听边观察

法，有时我们需要低头看看。

根据美国前联邦调查局特工、非语言沟通专家乔·纳瓦罗的说法，脚是我们身体中"最诚实"的部分，它们最能揭示一个人的真实意图。

如果谈话伙伴的脚指向出口，即使他们正在与我们友好地聊天，这也可能表明他们其实更想逃离。他们可能已经不想跟你交谈了，但出于礼貌不能拔脚就走；或者出于责任感或义务：尽管开会要迟到了，他们还是要留下来。也有可能他们是那种很难说"不"或"我不同意"的人——对他们来说，点头微笑可能比承认他们不感兴趣或不同意你的建议、方法或观点更容易。这时候的信号可能相当微妙：一只脚逐渐转向出口，另一只脚则一点点地朝这个方向挪。也可能很明显：如果你停下来和某人打招呼，而他把躯干转向你，但脚却一直朝向前方，这可能并不是聊天的好时机。相反，如果他的脚朝向你，这可能表明他愿意跟你谈话。我们自然而然地会转向那些让我们兴奋、感兴趣的东西，而远离那些无聊、让我们不感兴趣的东西。

如果你想了解他人对谈话的参与程度，就要注意观察谈话伙伴的步法。他们的身体传达出的信息与嘴里讲的话是一致的，还是不一致的？如果两者相矛盾，就要特别引起注意，你就知道，还需要解读更多的东西。

非语言姿势及其常见意义		
区域	姿势	常见意义
灵魂之窗	眼神接触 微笑 皱眉	想沟通、自信、很关注 高兴、愿意合作、有礼貌 悲伤、困惑、忧虑
自我调控	触摸脖子 手放在锁骨上 咬指甲 攥拳头 手指乱动、绞手	不安全感、痛苦、不适 担心、震惊、紧张 无聊、不安、焦虑 沮丧、愤怒、克制 紧张、痛苦、担忧
联盟	身体靠近 双臂交叉 双臂打开 "大"姿势（胳膊和腿摊开） "小"姿势（双臂、双腿交叉，缩肩）	舒适、双方契合 防卫、不安全感 接受、热切、温暖 领地感、主导 不安、不自信
参与	脚尖向外 脚尖朝向谈话伙伴	准备离开、不感兴趣 很专注、感兴趣

用词

我的经理亨利第一次给我反馈时，我很激动（书呆子一个）。那时我是一家中型科技公司的研究人员。我在那里已经工作了一年多，参与了各种各样的项目，但大约六个月前我才成为亨利的下属。不到一年的时间，公司换了三个经理，这是

第三章
边听边观察

成长中的初创企业的典型模式。我坚信用意良好的反馈可以帮助一个人成长、发展，所以我期待着他的反馈，想知道如何能提高自己。

首先，亨利概述了我的优点，这些优点是他在与我的跨职能团队谈话后得出的。我每天都与跨职能团队成员合作，他们是我所从事的研究的利益相关者，也会听取我的见解。与我共事的产品经理很赞赏我在深思熟虑后对高影响力的工作做的优先排序。设计师们觉得他们有一个强大的伙伴和合作者，能调动他们的设计思维。在我的努力下，工程师们也能更好地理解他们是在为谁而设计。总体而言，我的日常工作团队对我很满意。

"你的跨职能团队很喜欢你，"亨利说，"不过你的研究团队给你的反馈有点弱。"

亨利停了下来，他的话悬在空中。弱？这是什么意思？说的是整个团队（希望并非如此）还是某个具体的人？我很担心听到来自这个群体的一些负面反馈，因为研究团队是我的"家"。如果说跨职能团队更像朋友，那研究团队就更像家人——我每天都能看到他们，跟他们做相同的事，我不想让他们失望。

我让亨利说得更清楚点，他说道："嗯，研究团队那边的感觉有点软绵绵的。"我不知道他是什么意思。

最后，通过反反复复地询问，我才知道，有个队友对我处理某个具体项目的方法提出了批评。"有点过于激进了。"亨利终于转述了那人的原话,可他又一次停了下来,没有给出具体细节。一方面,我对能听更多反馈感到宽慰,觉得这给了我一个今后努力的方向。另一方面,这个反馈依然很模糊,无法付诸行动。我追问更多细节。亨利往下说的时候,我感觉自己就像一个在丛林中迷路的挥舞着大砍刀的探险家。我必须劈开很多含混不清的词语,来弄明白某个反馈究竟是什么意思,它怎样才能让我成长。

人们使用的词语告诉我们很多关于他们的信仰、观点、情感,甚至价值观方面的东西。比如这一次,我就对这位新经理有了一些了解。首先,给出批评性反馈让他很不舒服。其次,为了缓解自己的不自在,也为了避免伤害我的感情,他尝试着使自己的反馈尽可能地模糊。最后,尽管他给的反馈不够明确,但他相信这些反馈是有价值的——有些东西需要我去努力。

如果我只关注亨利的话的内容,可能就会带着困惑离开这场反馈谈话。理清他的用词不仅让我理解了他给我的反馈,也让我更了解他。在后来与亨利进行的绩效谈话中,我坚决要求他给出具体细节,以便让反馈有可操作性,并鼓励他继续提供反馈意见,哪怕是批评。

你可以通过查看以下常用短语来了解用词情况,这些短语通常表明谈话伙伴有潜台词。

宽泛的话语

像"我喜欢""很好""当然"和"随便"这样的短语往往是一种信号,表明说话人还有更多的话要讲。当人们害怕出现争议、伤害别人的感情或因未能恰当参与当前话题而不敢提出自己的真实意见时,通常会使用这些语句。如果听到像这样宽泛的话语,你就可以轻轻地追问,以获得更多的信息,记住:谈话伙伴的用词已经说明一切。

你可以视和谈话伙伴的关系,小心翼翼地诱导他说出诚实的意见,这会更有成效,也可以直接让他说得更具体些。可以

根据具体情况做出选择。下面这类话可能有用：

- 你可以……来帮我明白你的意思。
- 你对……喜欢（不喜欢）吗？
- 告诉我你的真实感受。

道歉和奉承式话语

在研究实验室里，我们经常向访谈者展示产品原型，或者带有部分功能的产品。有时我们会故意生出一些奇思妙想。我们可能会尝试做一些改变，比如取消主屏幕（用户在应用中默认的登录位置），改变视觉设计（产品的外观），甚至取消用户已经习惯的某个重要按键（比如电子邮件收件箱中的"备份"选项）。在与受访者交谈时，我们称这些为"概念"和"想法"，但在研究人员内部，我们把这些最离奇的想法称为"挑衅"——我们故意尝试一些疯狂的东西，来看受访者有何反应。

我们预计，当这些挑衅被摆在用户面前时，很多会惨遭失败，事实也基本如此。但是，即使在陈述那些糟糕透顶的想法时，我们也不可避免地会听到受访者说一些道歉的话——我们设计出来的东西一无用处，他们觉得自己必须要减轻这个打击，这是义不容辞的。"我敢肯定很多人都觉得这个功能特别棒，可能只是我用得不对。"他们说。"肯定是我听音乐的方式还不够复杂，不适合这种高级设置，但对大多数人来说，这

第三章
边听边观察

可能特别好!"

和宽泛的话语一样,道歉和奉承式的话语可能也是一个信号,表明受访者感觉不自在。这类话语反映了人性中所有的取悦他人的愿望。由于害怕失望或冒犯别人,我们可能会用"一定是我的问题"和"这超出了我的理解范围"这种话语来遮掩。

如果发现自己听到了道歉和奉承式的话语,请向谈话伙伴强调,他们真实和完整的观点对你很有价值,并解释一下为什么。例如,在研究中,因为我知道很多人都有取悦他人的倾向,所以就会尽我所能鼓励他们给出诚实的回应。如果他们告诉我:"我不确定这对我个人是否有效,但我看到它让大多数人受益匪浅。"我强调他们的意见比什么都重要。我会这样说:"我对您使用平台的方式非常感兴趣。告诉我更多关于这方面的信息!"如果他们感觉到我的兴趣是发自内心的,就更有可能敞开心扉,最终确切地告诉我这个想法的不足之处。

如果不进行这种跟进,我们可能永远无法真正了解谈话伙伴的内心想法。当道歉和奉承式话语阻碍了谈话时,下面这些短语可以帮助你直击要害:

- 我很重视您在这方面的观点,请不要有所保留。
- 您的真实意见对我来说意义重大。您还想到了什么?
- 我总是能从您的想法中学到很多东西。我很想听到更多。
- 您的意见是无价的。告诉我这是如何落地的。

拖延

拖延是一种出于个人目的、用模糊的语言来减缓甚至破坏谈话的行为,通常发生在为自己争取时间来做出回应、酝酿某个想法或者推迟做决定这些情况下。它一般在回应谈话伙伴提出的问题或想法时出现。当我们动用拖延这个话术时,往往是因为觉得真相不可靠——可能是担心暴露内心真实想法会让我们看起来很不堪或是说真话显得我们不礼貌或不够善良、甚至是担心真话说得不够彻底——所以就不愿意对他人说真话。

譬如,如果我让受访者对某个潜在产品进行评估,问他们:"您对这个产品有什么看法?"而他们的回答是:"我对这个产品有什么看法?"无论他们接下来告诉我什么,我都可以肯定:他们的真实看法是负面的。在重复我的问题、把它又抛给我时,他们在为自己争取时间,以便弄清自己的真实感受、编造礼貌的回答甚至理解问题本身。如果答案显而易见,而且是正面的(我喜欢它),可能并不需要时间来寻找想法或斟词酌句。当我们对自己的回答有信心并愿意与他人分享时,往往会跟着直觉走,而当我们没有信心时,就会想办法拖延。

拖延会在日常对话中出现。在求职面试中,应聘者可能会靠拖延来争取时间,以便能回答某个棘手的问题,有时甚至是为了编造谎言(我不能告诉他们我在上一份工作中被解雇了,所以让我看看还能说什么)。在演讲或会议上,如果演讲者被听众的问题弄得措手不及,或者不愿回答这个问题,也可能会拖延时间，以便巧妙地转移问题，避免出现尴尬（这个问题不在我的范围内，但不能让大家不信任我，所以我得找个方法把话题转移到我可以讲的问题上）。当我们想让自己或他人摆脱困境时，这种话术也会出现（我可不能承认忘了结婚纪念日，那样我们就会吵起来，怎么才能快点掩饰过去呢）。

无论是用来自我保护还是保护他人，拖延都是犹豫不决的标志，它告诉我们：谈话伙伴可能在掩饰什么。

以下这些可能是拖延的迹象：

- **肯定**。肯定对方说过的话，而不是直接回应。比如"这是个好问题""这是个有趣的观点"。
- **鹦鹉学舌**。原封不动地把问题又抛回来——就像受访者曾对我做的那样。如果发生这种情况，你肯定能注意到，因为它听起来极不自然。
- **偏移**。答非所问。这是一个经典的政治辩论策略。"我很高兴你问到了美国的教育政策。当我还是个小女孩的时候……"

如果你听到有拖延性质的话语，一定要注意。可以根据与谈话伙伴的关系，采取不同的对策。

如果你们彼此信任，可以鼓励对方说话更直接一些。可以试试下面这些话：

- 我感觉你好像在犹豫（回避）。跟我说实话，你到底是什么感受。

- 咱们好像在围绕着这个话题兜圈子。你究竟是怎么想的？
- 感觉好像在这个问题上可以多谈谈。跟我再多讲点你现在的想法。
- 我感觉你好像对我有所保留。你到底在想什么？

如果关系不太亲密，这类鼓励可能听起来带有侵略性，甚至指责性。这时你可以表现得温和一点，给谈话伙伴空间，让他们找到自己要说的话。此时对他们温暖地微笑一下，给他们一点耐心有助于让他们主动与你分享更多想法。我们都能体谅对自己下一步想说的话感到紧张或困惑的那种感觉。

还有的时候，你可能会发现当下什么都不说对你最有利，此时你可以去观察、学习他人的行为，以备将来之用。比如，如果发现对方一直在拖延，这可能是你们的关系中缺乏信任的迹象，或者表明对方不愿与你分享自己的感受。这时逐步巩固你们的关系可能比实时解决拖延问题更有成效。

支持性话语

无论隐瞒了多少或多久，我们终究会愿意敞开心扉。诸如"老实说""说真的""实话实说吧""打开天窗说亮话"这样的话经常被用来承认我们的真实感受。我们也可能用它们来强调、巩固我们的立场，以确保自己不被误解。如果我们曾因出

第三章
边听边观察

于恐惧而有所保留，那么现在则可能有勇气迈步向前（这个反馈很难给，但我必须为自己辩护）。如果我们想表现得有耐心或有礼貌，因此做不到知无不言、言无不尽，那么这时可能需要有一说一，与谈话伙伴分享自己的真实感受（我已经让他发言一段时间了，但现在是客客气气地对他的方法提出异议的时候了）。如果讲话人有良好的意图，往往轻易不会使用这类短语，正因如此，它们才特别有效。

但是，同样是这些短语，如果某人使用过于频繁，可能是一个迹象，表明他正在竭力说服你他很诚实，但实际上并非如此。这些就是《识破谎言》一书的作者帕梅拉·梅耶所说的"支持性声明"。在下列情形中，人们可能会使用"支持性声明"：隐瞒真相，以保护自己（我可不能承认自己不具备从事这份工作要求的技能，所以只能虚张声势）；与他人建立联盟（只要说他想听的话，他就会同意我的想法）；避免伤害别人的感情（告诉他一切都很好比承认我在这段关系中很不开心更容易）；甚至是因为在他们的成长过程中没有诚实的榜样（这种时候就是要撒谎）。当你听到这些短语的时候，最好先停一下，考虑一下你是否得到了全部真相，还是对方有所保留。

听到"支持性声明"时，一定要结合其他线索——如身体语言、声音和语调，甚至是你对这个人的了解——来帮助你解读：他们之所以使用这些短语，是出于某种语言上的习惯，是已经鼓起勇气想说出真话或想强调他们的感受，还是其实可能故意对你隐瞒了什么。

置换性短语

你是否曾不喜欢某个室友？也许你讨厌他连续几天把盘子留在水槽里的做法。"你总是把厨房弄得一团糟。"当你的室友怒火沸腾的时候，你可能会说。"可你从不倒垃圾。"他们可能会反过来抱怨。

好吧，他可能并非一个天造地设的好室友，但这种争论真的只是关于做家务吗？

诸如"你不是说""你总是"和"你从不"这样的短语值得引起我们注意。我称其为置换性短语，因为人们经常用它们来谈论对别人的感受，从而取代谈论自己的感受。通常，这种责备掩盖了一种需要引起我们注意的更深层次的情绪。愤怒、失望、孤独和恐惧令人难受，把它们转移到别人身上会给我们一条出路。关注他人的过错比审视我们自己的感受及其根源要容易得多，所以虽然我们不愿承认，但置换性短语出现的频率很高，特别是在亲密关系中——无论是室友、家人，还是配偶。

就拿和室友争吵来说，谁洗碗、谁倒垃圾只是一个开始。这样的争吵往往掩盖了更深层次的不满：我们可能感到不被赏识、被人忽视、不受尊重、被别人利用，也可能只不过是工作不顺利，情绪低落。很快我们就拿起战斗武器，置换性短语比比皆是。

第三章
边听边观察

听到这些短语时,你可能想不理会、想跟对方争辩或是排斥它们,这样很容易,但它们也给了你一个机会,让你能更多地了解谈话伙伴和他们内心隐藏的深层情绪。如果让这些情绪发酵太久,你可能就会发现,你们的友情已破裂,你需要找个新室友了。

如果听到置换性短语,可以试试以下这些回应方式,来让谈话得以继续进行,使自己能深入挖掘对方隐藏的情感。记住,一定要小心翼翼地问,因为越是接近隐藏的情感,就可能越敏感。

- 我在想,我们谈的还是"脏盘子、未完成的最后期限、最后谁付的账单等"这些事吗?是否有什么别的事情?
- 我注意到我们的对话开始升级了;还是……这个问题吗?是不是因为别的问题?
- 我想我可能让你不高兴了,但我不确定这是否还与……有关。
- 可以看出谈论这个对你很重要;请帮我理解你的反应。

声音和语调

和很多人一样,当我要哭的时候,我的喉咙里会出现一个肿块,我的声音开始颤抖,并有轻微的破裂。我能感觉到自己快哭了,如果谈话伙伴关注我,他们也能注意到。我不会为有这种反应感到尴尬,但我肯定也不能控制它:无论我是否愿意,我的声音都会透露出一些关于我的情绪的信息。

同样,节奏(说话的快慢)、音调(声音的高低)和音量(声音的轻重)也可以让我们了解很多,知道谈话伙伴是什么意思,有什么感受。

如果某个同事讲话比平时提高了音量,这可能暗示他受了挫折;如果某个伙伴语速飞快,可能表示他急于表达自己的感受。如果某个朋友声音颤抖,这让我们知道他很难过。即使看不到谈话伙伴,你也能从电话中听到他明亮的笑容。即使对方一句话不说,你甚至也能从他哼唱的声音中听出很多信息。从快乐到悲伤,我们的情绪通常通过声音和语调表现出来。

解密情感的声音	
积极情感 (喜悦、热情、冷静)	消极情感 (恐惧、悲伤、愤怒、厌恶)
响亮 悦耳 平稳、均匀	阴沉 刺耳 颤抖、断断续续

第三章
边听边观察

> **练习：从头至尾哼唱**
>
> 用这个简单的练习来测试你对语音线索的解码能力：请一位朋友在谈话中从头至尾哼唱，看看你能收集到什么信息。对方不说话时，不要担心可能会错过什么细节，应以理解情感为目标。你能从简单的哼唱中了解到什么？

节奏

我的同事尼尔是那种说每个字都要斟酌半天的人。跟她谈话不能急于求成：她在说话时会刻意选择词语，实时处理她的想法。我们的一对一谈话往往会超时，部分原因是这种方法非常耗费时间。虽然一开始我被这种方法吓到了，但后来渐渐习惯了，并理解到，这反映了她的学习和交流风格。

但偶尔，尼尔也会给我惊喜。她的语速会大大加快。她不再停顿下来，寻找完美的措辞，而是连珠炮似的说出一串句子，有时甚至长篇大论地讲话。这种时候，她会一反常态，在很短的时间内说很多。

节奏的改变可以表明若干种不同情感。如果说话人突然放慢语速，这表示他需要斟酌，或是要深思熟虑，也可能表示他想让情绪平稳下来，想控制住自己。如果某次谈话很艰难，你曾停下来仔细斟酌语句，你就能体验这种感觉。不过，如果对方讲话时语速突然减慢，一字一顿，这可能表示他很恼怒，甚至有些居高临下。

  反过来，谈话伙伴也可能在紧张时突然加快语速，很多求职者在向一屋子陌生人展示自己的作品集时，就会这样。谈话中语速突然加快也可能是兴奋的标志——当人们的脑海中迸发出想法时，可能会热切地想要将它们表达出来。如果对方平时讲话很慢，语速平稳，却突然连珠炮似的说了起来，你得特别注意。这种偏离常规的做法值得我们关注，它告诉我们，这一时刻与其他时刻不同，很特别。

  在与尼尔进行了几次交谈后，我注意到：她在听到批评性反馈后，最容易加快节奏——平时的节奏是很审慎的，因为这时她很难过，对眼前的情况感到不知所措。对她这方面的了解帮助我以一种不同的方式参与到我们的对话中：这让我放慢下来，从情感层面而不是理性层面与她交流，因为这就是她的声音传达给我的，我知道了她需要的是什么。

  这种进行谈话的方式确保不会压垮尼尔，这样她在谈话结束后就会准备好独当一面，而不是临阵脱逃。

音调

  在说话时，我们的声音和节奏一样，也会有一个自然的范围，如果偏离常规，则表明情绪上有变化。在进行研究性访谈时，如果一个开始很活跃的受访者突然变得很低调时，我就知道，在某种程度上，有什么东西让他安静了下来——可能是话题，可能是他的能量水平，也可能是我本人。发生情况时，我

第三章
边听边观察

可能会决定放慢提问速度，或者先暂停对某个话题的讨论，以后再以不同的方式重新讨论它，以保持谈话的连续性。在现实生活中，这些音调的变化也很能说明问题：它们会告诉我们第一次约会是顺利还是无聊至极，某人带来的是好消息还是坏消息，某人看到我们是高兴还是仅仅能容忍我们在场罢了。

除了情绪之外，音调也能透露出我们的意图。比如，母亲会本能地用较高的音调说话，以安抚她们的新生儿。同样，一个准备进行重要谈话的员工可能会有意降低音调，以塑造一个权威的形象。当我们身边有一个我们认为有权有势的人时，我们甚至会下意识地改变我们的音调，采用一种恭顺的、高音调的声音。

下面这些常见的线索可以帮助你深入了解谈话伙伴的感受。

注意音调

音调	含义
低	权威、支配
高	不严肃、恭顺
吱吱嘎嘎、嘟嘟歪歪	不稳定、优虑、无安全感
尖利	命令、紧张
富有表现力	专注、热情
单一	脱离、无聊

当你观察到谈话伙伴的音调发生变化时，要尽最大努力去了解是什么造成了这种变化。仔细聆听几分钟后，再去进行各种解读。给谈话伙伴时间，让他们的音调恢复到正常状态，这样你就会更清楚地听到是什么导致音调发生变化。你会知道，在有些情况下，这种变化不过是巧合而已。

音量

虽然有些生理因素会影响我们在谈话中的自然音量，但说话时的音量高低大多反映了我们对自己、对他人甚至对谈话话题的感受。比如，害羞、注意力不集中、紧张和拘谨等都与轻声说话有关。

你的谈话伙伴可能希望融入其中，不引起别人的注意，或者在某个棘手的问题上已经耗尽力气，能量太低，无法用平常的音量说话。另外，一个说话音量比平常大的谈话伙伴可能会散发出自信、支配力，甚至是攻击性。他们之所以提高声音，可能是出于让别人听到其观点的需要，或是为了迎接眼前的挑战，再有就是感受到了压力，要在谈话中捍卫自己的领地。

在研究性访谈中，即使我只是刚刚认识某个受访者，他的正常音量范围也会在几分钟内暴露出来。更能说明问题的是，当听到音量有变化时，我就知道要注意听了。有时候是话题让受访者感到不舒服，有时候（特别是在小组中）这是一个迹象，表明他们在小组分享中的舒适度发生了变化——他们可能感觉是否愿意分享取决于小组的动态和访谈的进展情况。音量的变化是我解读某人感受并追寻其原因的线索。

当你的谈话伙伴调高或调低音量时，注意发生这个变化之前和之后的情况。你是否碰到了一个敏感点、无意中导致对方提高了声音以进行自我保护？一个本来听起来很自信的求职者，在谈及薪水时，是否突然变得轻声细语？也许这表明这个话题让他不适。在讨论中，小组中的某个成员是否因同伴不断驳斥他的想法而变得沉默？即使不太了解谈话伙伴，你也可以在整个讨论过程中跟踪其音量变化，逐步明确哪些情绪可能导致这些变化。

练习：训练耳朵

在下一次谈话时，注意别人的说话模式，看看你能了解到什么。他们"平静"的或典型的声音听起来是什么样的？追踪以下属性，以了解他们在谈话时的经历。

- **音调**：他们的声音有多高或多低？
- **快慢**：他们讲话有多快或多慢？
- **音量**：他们一般是大嗓门，还是轻声细语？
- **表现力**：他们的讲话是动态的、生动的还是单调的？
- **节奏**：他们说话的自然节奏是怎样的？
- **语调**：他们讲话一般有什么特点？

一旦明确了某一特定谈话伙伴的"正常"情况，就在聊天过程中倾听对方的声音是否有什么变化，并密切注意这些变化何时发生。

- 上述每个属性在某一时刻是如何变化的？
- 偏离正常状态的声音听起来什么样？
- 哪些情绪可能会造成这些变化？
- 这些变化发生时，有谁在场？
- 谈论什么话题时，这些变化会很明显？
- 这些变化在整体上可能预示着什么？

重要提示

身体语言、用词和声音质量可以让我们更全面、更细致地了解谈话伙伴正在经历什么。通过仔细观察，试着了解这些线索对你、对谈话主题和周围环境有哪些提示，使谈话深入下去。

学会倾听
重拾失落的沟通艺术

第二部分
引导谈话

第四章

明确你的角色

我正在本地一个早餐店吃早饭,这时一个女子走了进来。"我姐姐太过分了。"她说着,和她的三个朋友一起坐在了一个摊位前。"她完全忘了我女儿的生日。那可是她外甥女啊。她就这么一个外甥女!"

"真讨厌!"一个朋友说道。"这么以自我为中心。"另一个补充道。

"我好想让这一天成为一个特别的日子。"女子说道。"可我却不得不为她姨妈为何没打电话找借口,太难了。要是我姐姐有好几个外甥、外甥女,我还能理解,她记不过来,可她只有一个啊。"

第三个朋友面前放着一盘煎饼,她一直在观察这一切,这时她插话了:"她确实忘了,但有没有可能,这其实并不能说明什么呢?她不是工作上有个很重要的任务,马上就要到截止期限了吗?就是那个……"她停了下来,大家都回头看着她,她们的眼睛大睁着,仿佛在说:"喂!你没事吧?"

每个人都有一种自然地加入谈话的方式,一种我们不假思索就会调谐好的本能模式。你可能天生擅长解决问题,随时准备帮助朋友或同事解除心头的烦恼。或者你是擅长给人打气的

第四章
明确你的角色

那类人，经常赞美他人，知道如何激励自己的直接下属，让他坚持不懈地进行自己承担的某个富有挑战性的项目。或许你和那位我在吃早餐时碰到的朋友一样，总是试图站在别人的角度考虑问题，哪怕这可能并不受欢迎。加入谈话的方式有很多种，但有一种方式，我们使用得更多。

我称其为默认倾听模式。它受我们独特的性情、社会化的方式，甚至文化期望的影响。对我们中的许多人来说，它有可能在童年时期就开始形成，以应对我们早期的各种关系和周围的环境，并从那时起在我们的生活中一次又一次地得到强化。

有时我们的默认倾听模式正是谈话所要求的，但有时却不是。无论是出于尊重或礼貌（经理和直接下属之间的关系）、文化期望和规范（一定要说出你的想法，或有长辈的时候不要说话）、话题（是你最痴迷的爱好还是某个几乎一无所知的话题），还是需要（有人指导或引导自己），某些情况可能要求我们在谈话中从一种倾听模式转向另一种。如果不能适应，就会导致沟通不畅、尴尬，甚至冲突，所有这些都会使我们无法与人沟通。某个直接下属可能只是希望向其经理汇报自己项目的进展情况，可如果经理总是对他指手画脚，他就可能慢慢感觉自己受到特殊对待，未得到尊重。

如果某个人在朋友面前总是扮演魔鬼代言人而不是啦啦队队员的角色，就可能会导致友谊出现裂痕，他就不得不下一番功夫，来重新获得朋友的信任。

学会倾听
重拾失落的沟通艺术

正因如此,我们才必须将自己的倾听期望和习惯与谈话伙伴在那一刻的需求相接轨,这一点特别重要。一旦这样做了,我们就可以和对方一起步调一致地前进,我们就会知道,何时应该庆祝直接下属的项目取得进展,而不是向他/她指出,还有哪些尚未完成。我们会知道,何时该静静地听兄弟姐妹讲述一天的压力,而不是想出一个方案来缓解他们的压力,更不是谈论我们自己的压力,因为我们理解,此时倾听更重要。我们能感觉到何时室友需要安慰,何时最好让他们独处。我们的直觉会告诉我们,在紧张的会议中何时需要发挥幽默感,何时需要用共情来维护集体的团结。随着时间的推移,成功的交流越多,我们与他人的关系就越牢固。

为了成为更有效的倾听者,我们必须要了解自己的默认倾听模式,要去发现在某场讨论中谈话伙伴需要我们做什么,并做出相应的调整。

第四章
明确你的角色

接下来的提示将告诉你该怎样做。

一些常见的默认倾听模式

作为研究人员,我的工作是做一个中立、客观的倾听者。我进入访谈的方式是亲切而不滔滔不绝、公正而不疏离、鼓励而不带偏见。这源于我多年的训练,它帮助我接受、理解和引导访谈对象,以了解我们正在研究的任何问题的真相。如果你有意识地关注一些情况,就会很容易发现,某个研究人员正在进入"研究人员模式"。

现实生活中也一样,我们也可以学会发现某些倾听模式。尽管谈话可能会因话题、谈话伙伴和我们自己的个性而有差别,但即使是在普通的谈话中,有些模式也比其他模式更常见,如果加以注意的话,是可以识别它们的。

以下是一些最常见的默认倾听模式,每种模式都有其自身的优势和劣势。进入谈话时,请听一听这些模式何时出现,以及与谁一起出现。

解释者。解释者对所有事情都有答案,特别是当事情涉及我们的感受时(你感觉精疲力竭?一定是我们的加班文化的后果)。理性思考可以提供受欢迎的视角,还能帮助我们摆脱感性的影响。但是,解释者必须注意不能太过分,因为我们并不总想得到对感受的解释;这种回应会让人觉得目光短浅,或受到轻视。

验证者。与验证者交谈感觉很好，特别是当你需要振作起来的时候（是的，这是他们的错！他们不理解你）。这些天生的啦啦队队员总是站在我们这边，但如果不加以控制，验证者会无意中使你自我膨胀，歪曲你的观点，甚至阻碍你的个人成长。

识别者。当听话人将自己的经历与说话人的经历相提并论，并将谈话带回他们自己身上时，就出现了识别者这种倾听模式。"我完全明白你的意思""我在……时有同样的感觉""这就像我那时……"这些回应可以让我们感觉不那么孤独。但同时，并不是每个人都渴望得到肯定；在这种情况下，识别性回应就会阻碍沟通。它们向谈话对象表明：对方根本就没在听，而是在想与自己有关的事情。

问题解决者。问题解决者对任何事情都有解决方案，当你需要取得进展或改进想法时，他们是完美的决策咨询人。有时问题解决者的"问题"并不存在。你可能只是在大声思考而已，但对一个问题解决者来说，你说的每一件事都是一个修复、解决或纠正问题的机会。

护士。护士会把你的需求置于自己的需求之上。他们一刻不停地为你跑腿，当你情绪低落时，又会无微不至地照顾你。但他们越是照顾你，你们的关系就越是失衡。这种照顾会让你感觉不知所措，不仅如此，护士很容易把你当成生活的全部，

第四章
明确你的角色

所以你永远找不到机会照顾他们。

化解者。化解者以淡化紧张或不安的情况而闻名,他们往往使用讲笑话这种方式。如果需要一丝轻松,他们的幽默能派上用场。反过来看,如果化解者对每一种情况——特别是那些对你来难以应对的情况——都一笑而过,你可能很难感觉与他们亲近。

调解者。调解者喜欢从各个角度看问题,怀有良好用意,是缓解冲突的好伙伴。但是,就像早餐店里的那位朋友一样,他们会竭尽全力理解每个人的观点,这有时会无意中让我们产生不安全感,根本不愿分享自己的观点。

共情者。共情者能以一种不可思议的方式进入你的情感体验,有时甚至先你一步。"我感觉你最近感到很沉重,"他们可能会说,"一切都好吗?"被共情者以这种方式关注,会让人感到欣慰。为能最有成效,共情者必须仔细解读各种线索,确保与谈话对象的关系中存在信任;如果没有信任,他们对我们的感受的各种直觉会无意中让我们感觉自己被暴露,甚至会疑神疑鬼(他们怎么知道我这么多)。

打断者。打断者总是比我们领先一步,或者说他们是这么认为的。打断者的闪光点是可以成为富有激情的谈话伙伴,最糟糕的问题是可能会很让人厌烦——他们一插嘴,其他人就没说话机会了。

面试官。众所周知,面试官会向他们的谈话对象提出很多问题。他们真诚的好奇心可以使我们感到受重视。然而，问太多的问题会使谈话听起来像是审讯。这一模式也导致面试官无法分享他们自己的故事，让我们很难了解他们。

白日梦者。白日梦者往往会在谈话中陷入思考，可能是想象力太丰富，也可能是内心有些焦虑。无论如何，他们这种容易分心的倾向并不是针对某个人，但它会让我们感觉自己不值得他们花时间。"你刚才说什么来着？"这种反问很快让人生厌。

意识到这些模式是有帮助的。如果能在他人身上识别出这些模式，我们就能对他们有更深入的了解：如果我知道到你是一个习惯性问题解决者，那么当你对我正努力解决的难题主动给我建议时，我就知道不要往心里去，因为这只是你的方式。认识到自己身上的这些模式则有助于更好地调节我们在谈话中的反应。如果知道有一系列的其他模式可以利用，我们就更容易发现自己是否匆忙采取了一个可能不受欢迎的模式，并对此采取一些措施。

自我反思：识别你的默认倾听模式

为帮助你识别你在谈话中的习惯性反应，请思考你刚刚了解的几种倾听模式，并回答以下问题：

- 你认为你的默认倾听模式是什么？

第四章
明确你的角色

- 你的朋友会怎么说？父母呢？同事呢？
- 你的默认倾听模式是否会改变？在什么情况下可能改变？

听出潜在需求

我和我的团队正在进行一项关于知识工作者在远程工作环境中如何协作的研究。我们希望能设计出一套工具,不仅能帮助个人而且能帮助团队更好地合作,因此我们决定进行三人小组讨论。与传统的一对一访谈不同,这回我们的访谈每次都会邀请三名团队成员来回答我们的问题。

"跟我讲讲你们目前在工作中是如何协作的。"我问第一组参与者。

"我想说这是我们团队的优势之一。"团队负责人杰斯告诉我。"我们真的很重视能够一起讨论想法,无论是利用电话、共享文档,还是通过电子邮件或聊天信息。"

她的经理雅尔也加入了进来。"杰斯在团队设置上功不可没,这样我们无论在哪里都可以进行合作。"

第四章
明确你的角色

我点点头,接着转向第三个,也是最年轻的团队成员。她叫利亚,刚刚大学毕业。访谈进行到现在,她一直安安静静。她和杰斯、雅尔不一样,只在跟人直接交谈时才会插话。

"你呢,利亚?"我问。"我知道你的角色和杰斯、雅尔有点儿不同。你眼中的协作是什么样的?"

"我很喜欢跟我的团队一起工作,杰斯做了很多,帮助我们大家保持沟通状态。"利亚说道。"有时候虚拟协作会让人喘不过气来,不过也可能只是我不善于管理自己的时间。我正在边干边学。"

在听利亚说话时,我注意到几个关键细节。"可能是我的原因"是一个表达歉意的短语,它表明她觉得自己有必要承担责任。或许她不想指出杰斯的策略中的缺陷,或许她臆断:如果大家都进行得很顺利,那一定是她自己的问题。她提到自己正在抓紧学习,这说明她的工作安排是不断变化的,有改进的余地。她说协作有时候"让人喘不过气来",这表明事情的进展有一定的范围,偶尔会变得很糟糕。虽然利亚没有明白她为什么这样说,但我能听出,她在挣扎。考虑到这些线索以及当时的情况——利亚是个刚入职的新手,现在我们又让她在领导团队面前坦率地说出自己的意见——再加上能观察到的那种有所保留、让别人先发表见解的模式,我凭直觉知道,利亚这里有更多的东西可以挖掘。

可是,利亚刚分享完自己的情况,杰斯和雅尔就迫不及待地开始对她的回应进行诊断。"以前我也总是这样。"杰斯说。

学会倾听
重拾失落的沟通艺术

"我这儿有一篇关于时间管理的特别棒的文章,我可以发给你。""咱们回头聊聊你这边可以做什么。"利亚的经理补充道。

利亚礼貌地谢过她的队友,然后迅速将注意力重新放在我身上。之后她便很安静。可是,为全面了解我们的产品应该如何支持像她这样的团队成员,我需要更深入地了解利亚的观点。我不想把她逼得太紧,尤其是在她的同事面前,于是我问了一个魔棒问题——这是一个常见的研究工具,可以让参与者给出诚实的反馈,而且不用担心会冒犯到其他人。为了给利亚空间,让她在不受队友偏见影响的情况下畅所欲言,我先把问题引向她。

"想象一下,你有根魔棒。有了它,你就可以设计自己理想中的在家工作的体验。你觉得那会是什么样的呢?"我问。

利亚开始大声说出她的想法:"以前在办公室工作时,我们有个不成文的规定:如果你戴着耳机,就说明你很忙,人们就不会打断你。可现在我们远程工作,所有人都'一直在线',也就没有戴上耳机这回事了。我理想中的在家的工作体验是,我可以让别人知道我是否处于工作状态,也能知道何时不要去打断别人。"

有了说话空间,还有人鼓励她表达自己的需求,利亚就能够发现远程工作的一个关键陷阱:那些推动虚拟协作的工具往往会分散我们的注意力,使我们无法进行深度工作。她并不需要同情,甚至也不需要别人帮她解决问题,她需要的是一个开

第四章
明确你的角色

口说话的机会。当她说出来之后，她分享的这些了不起的想法可以帮助我们改进产品，帮助她改进工作流程。

更多的时候，出于恐惧、尴尬、脆弱，或者仅仅因为缺乏自我意识，我们的谈话伙伴并没有在谈话中明确表达自己的需求。他们可能会像利亚一样，狠狠地进行自我批评，把责任归咎于自己，把需求降到最低，或者完全向别人隐瞒自己的想法。或者他们可能已经准备好寻求帮助，但却不确定该如何去做——很多人在身处一种新的或不平衡的关系、寻找方向时，就会这样。他们甚至可能有想法要分享，但害怕被拒绝，因此需要有空间、得到鼓励，才能说出这些想法。还有一种情况是，他们可能并不知道自己需要什么，谈着谈着才认识到——或是因为他们还在处理自己的感受，或是因为其情绪给沟通笼罩上了阴影。还有一种可能：他们以为（很多人往往都会这样想）自己已经把需求陈述得明确无误了，可其实只是在表达各种愿望，做各种假设、推想，无意中将需求隐藏在这些背后。

在谈话中，如果谈话伙伴的需求在我们看来并不明显，我们就很容易搞错为何进行这场谈话、谈话的目标是什么等问题。正因如此，在以提出建议或解决方案回应对方或以其他方式在谈话中采取行动之前，我们必须要了解谈话伙伴在寻求什么，以及我们在满足这些需求方面应该扮演什么角色。

为了明确谈话伙伴需要从我们这里得到什么，我们要利用对当时发生的情况的知情直觉，抓住那些能揭示潜在意义的线索，并就如何能够提供帮助向对方提出一些澄清性问题。

获得知情直觉

可以依靠知情直觉来了解谈话伙伴在你这里有什么需要。知情直觉结合了直觉与对某个场景、人物或你自己的真实认识。通过仔细观察当下并自我反思可能给谈话带来什么,你可能会发现,你所知道的比听到的要多。

为整合知情直觉,评估对方需要,可以考虑以下两点:

- **谈话伙伴的个人历史**。从你对谈话伙伴的了解入手。问问自己:这个人一般情况下会来向我寻求建议吗?当他情绪低落时,是需要一个拥抱,还是倾向于冷处理自己的情绪、迅速调整好?
- **当前情况**。观察谈话伙伴的语言线索和身体语言、用词、声音质量等非语言线索,以确定他在那一刻可能有什么感受。

考虑一下这几个方面:这个场景是令你兴奋还是让你害怕?有风险还是安全?急迫还是微不足道?我是否充分掌握了相关背景?

- **你的独特品质和特点**。你拥有什么特质,能使你独一无二地满足谈话伙伴的需要——如果他们有任何需要的话?可能你尚未发现谈话伙伴的需要,但你可以开始琢磨:他们为何专门选择与你分享他们的想法?你

第四章
明确你的角色

可能会让他们吐露什么心声？想一想：我有他们需要的专业知识吗？我在这场谈话中能做什么？

比如，在与利亚的谈话中，我就可以利用很多信息：她的沉默、她的身体语言以及她在团队中的角色，她还知道实验室环境会使参与者感到不舒服（特别是有权力机制在起作用时），她有这方面的经验。从她的队友的行为中，我感觉到他们比利亚更自在，甚至可能错误地认为她也有同样的感觉。这些帮助我凭直觉认识到，利亚可能需要更多的空间和鼓励，来分享她的真实感受。

捕捉线索

有时我们会产生强烈的直觉，知道如何能更好地调整倾听模式，就像我对利亚所做的那样。比如，如果一个朋友啜泣着说他在工作中多么不开心，你可能会得出结论：现在不是解决问题的时候，也不适合建议他开始寻找其他工作——他可能认为你不够敏感；再者，他自己可能早已想到这一点。

但有时候，我们的直觉是比较模糊的。我们可能发现了一些

学会倾听
重拾失落的沟通艺术

迹象,可又不能确定,此时就需要倾听一些线索,以帮助我们发现谈话伙伴的潜在需求,并相应地调整我们的倾听模式。下面这些迹象表明对方有需求,请注意倾听。如果你听到这些通常很微妙的短语,停下来,考虑一下是什么让对方说出这些话。

听出潜在需求

线索	意义
· 我希望…… · 要是我能……就好了 · 如果能按我的方式行事…… · 如果让我来做决定,我会…… · 我理想的状况是……	欲望、机会、匮乏、劣势
· 我忙不过来了 · 我筋疲力尽 · 我没力气了 · 我今天想干的事好多没干成	求助
· 我想念…… · 我一直想当年……的时候 · 自从……已过去好久了	怀旧
· 我一直在尽可能地努力工作 · 这件事我可是不遗余力了 · 我在尽全力	恳求认可
· 这种情况下我不知道该做什么 · 我弄不懂…… · 我们很迷茫……	需要指导

第四章
明确你的角色

让他们说清楚

如果你能看出你的默认倾听模式并不适合谈话伙伴——他们的反应很糟糕,或者直截了当地告诉你你说的那些都没用——而你又不清楚是否该继续向前推进,此时你可能要让他们清楚说出自己的需要。这时,澄清性问题——明确要求谈话伙伴指示我们如何能最好地做出回应的问题,便为我们指明了前进的道路。建议你先仔细观察,并在谈话背景中捕捉线索,如果这些都不起作用,再把提问作为最后的手段,来发现谈话伙伴需要什么。

澄清性问题帮我们找到向前的路

比如,你可以试着问下面这些问题:

- 这似乎很重要。此时什么是最有用的呢?
- 听一听(各种不同观点、建议、类似经历)会不会有帮助?
- 我有些想法,不过我想确定一下你在寻找什么。你愿意听听我的观点(建议等)吗?

- 如果……会不会有用？
- 你想让我听听你的想法，还是希望我做出回应？

刚开始问这些澄清性问题时，你可能会感到尴尬。如果你在别人眼中是一个大大咧咧的人，从你口中问出"你想让我听听你的想法，还是希望我做出回应"这种问题可能会让人感觉僵硬，或者陌生。

在问澄清性问题时，请记住：最真实的谈话就是最好的谈话，所以不妨把上面这些问题视作出发点，它们可以帮助你了解对方对你有什么需求，之后你就可以组织自己的语言了。

注意，这些问题并未直接询问谈话伙伴"你需要的是什么"或者"你想从我这里得到什么"，这些听起来像是在质问，而且还会给谈话伙伴带来不必要的压力。相反，它们只是给出了一个可能的出发点，让谈话伙伴能够把你带向正确的方向，告诉你他们需要什么。在权力机制或情感发挥作用的那些关系中，这一点尤其有用，因为它将控制权交还到谈话伙伴手中。

等待时机

注意，何时向谈话伙伴提出澄清性问题对其对这个问题的接受程度有重大影响。

在谈话一开始就让对方澄清角色，这可能很有诱惑力，但这样做会听起来不自然，会破坏原本很亲密的谈话，还可能引起对方怀疑，让你们之间的融洽关系迅速瓦解。还有的时候，谈话伙伴可能还不知道想从我们这里得到什么，或者还没准备好将它说出来。他们可能需要在谈话过程中慢慢了解自己的需求，然后才能清楚地表达出来。如果我们逼迫得太猛、太紧，可能会让他们闭紧嘴巴。在就对方的需要发起提问之前，我们应该给对方一定空间，让他们自己回答这个问题。

再者，如果我们过于关注对这个问题的回答，可能就会无意中过滤掉一些"不相干"的信息，无法抓住谈话伙伴所表达的意思。反之，如果我们等得太久，可能会发现自己很困惑，甚至产生挫败感。

所以，要想弄清谈话伙伴的意图，最好的办法是在谈话出现停顿时提问。如果谈话中出现了自然的停顿，可以提一个澄清性问题，轻声问对方有什么需要（这似乎很重要。如果我分享一些建议，会有用吗），可能直到你提出这个问题那一刻，谈话伙伴才知道答案是什么。但一旦对方做了回答，你就可以做出相应的回应——无论是去验证、支持、提出建议、提出解决方案，还是简单地表示感谢。

实时调整

作为湾区的一名持证治疗师，特蕾西·麦吉利斯必须根据客户的需求，定期从她的倾听模式工具箱中挑选出合适的一种。"有些人是带着一种深层需要来接受治疗的，想让人看到他们，想表达。"她告诉我。"也许他们在大家庭中长大，而且在气质上是家庭中偏内向的一个。如果我感觉对方想在房间里占据更多空间，这样对他们来说疗效特别好，我就会真的试着向后坐一点，好让他们占据尽可能多的空间。再比如，我会尽量不插嘴，不去问他们很多问题，而是会转述：我会反思或总结这个人说的话，这样，他就感觉受到理解。"

大多数人并不像特蕾西那样受过正式训练，能迅速根据实时需要做出调整。不过，其实很多人已经在运用这种在特定情况下调整自身行为的能力，比如，我们能判断出，某些适合在朋友之间进行的话题并不一定适用于办公室这个环境，所以会明智地选择谈话主题，也会注意自己的行为。如果知道自己若是特别喜欢某一话题，就会有过度热情的倾向，我们就可以控制自己，不致过于疯狂。我们通过经验学会了调整。

一旦能识别谈话伙伴的潜在需求，你就可以实时调整自己的反应。对有些人来说，瞬间做出调整是没有问题的。对另一些人来说，这可能感觉有点牵强。好在练习得越多，就越容易。

转换模式

若要使你的默认倾听模式适应谈话伙伴的需要，首先要知道自己了解对方所需要的东西，然后用另一种方法来替代你通常的反应。可以遵循这样一个公式："鉴于 A（需求），我们采用 B（适应模式），如何？"比如：

- 我想为你庆祝，但既然你感觉不舒服，我们取消餐厅的预订，怎么样？
- 既然你今天没有取得预期进展，我来看孩子，你去忙会儿工作怎么样？
- 通常情况下，我会建议咱们加把劲，但看起来休息一下会更受欢迎。咱们干脆暂停片刻？
- 我知道我们计划工作到晚些时候，但考虑到你之前已经分享过，咱们今天就到这里怎么样？

向谈话伙伴表明我们理解他们的最好的办法就是满足他们的需要。

共情式倾听意味着学会全方位倾听，而不是仅仅使用让你舒适的方式

不确定时，就做见证

肯尼思·范伯格是负责管理"9·11"事件和科罗拉多州奥罗拉枪击案受害人赔偿基金的律师，这真是个让人一言难尽的工作。

他曾与那些经历悲痛、遭受创伤的人进行过许多次谈话，经过惨痛的教训，了解到做见证是多么重要，也多么令人难以承受、多么令人崩溃。他说：

"我记得在五角大楼，一位八十二岁的老人来找我，泪流满面地对我说：'范伯格先生，我在五角大楼失去了儿子。飞机撞上来时，我儿子安全逃生了。可他想起了他妹妹，她当时也在这里工作，被困在里面。我儿子就回去找她。她是从侧门逃生的……我儿子为了找妹妹死掉了。你看，范伯格先生，我这一辈子完了。我现在只是具行尸走肉。绝不能让一个父亲埋葬自己的儿子。'我望着他，想表达一下同情，于是我说道：'这太可怕了。您失去了儿子。我知道您的感受。'他看着我，说道：'范伯格先生，你这份工作真不容易。我一点儿也不羡慕你要做的事，不过让我给你一点建议：不要向任何我这样的人说你懂得我们的感受。你根本不知道我有什么感受。你一副居高临下的样子，太空洞，装腔作势。我要是你，就不会这么做。'后来我就再没这样说过。吃过苦头，你才会明白。"

"有时候，尽管我们已经全力以赴，但还是可能会对某个情况产生误解。有时候，我的谈话伙伴可能根本不知道自己需要什么，或者即使知道，也无法（不愿）表达出来。还有的时候，我们可能以为自己懂得对方的感受，但最后发现自己是在向对方心头捅刀子。在这些情况下，最保险的做法就是静静地倾听。"

大多数时候，人们只是希望被倾听，被理解。他们并不需

第四章
明确你的角色

要帮助,只需要一只富有同情心的耳朵,来听他们吐露心声。这是谈话中最难做的事情之一,而且可能会让人感觉不自然。此时我们大多数人只是做见证,练习不了太多倾听技巧;不采取任何行动其实很难。这一技巧虽令人不适,但有时正是我们所需要的。让别人表达自己、让我们去见证他们的感受——当我们这样做时,就为他们提供了空间,让他们能充分体验自己的感受;没人会评价他们,也没人会指手画脚。

如果有疑惑,就去观察、等待。寻找一些非语言线索,如身体绷紧、声音收紧,来发现对方的敏感点。为了忍住认同对方经验的冲动,把谦逊放在首位,提醒自己,对方的经验完全是其自身的。对谈话伙伴的情况表示好奇,让他们引导你获知如何能给他们提供最大的帮助。让他们充分表达自己,然后对那些你破译出来的(或是他们自己清楚地表达出来)潜藏情感进行沟通。与对方共情时不要谈到自己,仅仅倾听就足够了。

重要提示

每个人都是带着需要来谈话的,我们会有特定的意图、期待,甚至目标。如果误解或有意忽略谈话伙伴的需要,就会破坏我们之间的关系。如果我们不能放下对谈话的个人期待,想要的并非对方需要的东西,他们就会另寻他人。与其固守自己对谈话的期待,不如让谈话伙伴的需要来指导你。

第五章

让谈话深入下去

在进行一项关于讲述新闻故事的研究时,一位受访者正在向我介绍她的工作流程。她供职于纽约的最佳新闻机构之一,当时我们是在她的办公室里交谈,那是一间繁忙的新闻编辑室。她一边用她喜欢的编辑工具点击查看一篇正在编辑中的文章,一边扫描新闻网页和社交媒体上的突发新闻。她的屏幕被设置成了多屏,问她问题时,她回答得很干脆,眼睛几乎没离开过屏幕。刚刚采访几分钟,我就知道很难吸引她的注意力,并让她一直对访谈保持关注,更不用说让她做出深思熟虑的回应了。我必须利用好我们在一起的每一分钟,每个问题都必须有力度。

我真想翻翻主持稿、那份提前准备好的问题和活动清单,以确保为在总部的团队提供正确的信息,然后记下我听到的所有回答。

我推断,这样至少一定能把清单上的所有事项一一完成。但经验告诉我,如果采取这种方法,最后我将一无所获。我只会得到一些高级回应,没什么深度。我的受访者所接受的职业训练会给访谈增加难度。记者擅长只提供他们想透露的信息。这其实不难理解,他们的工作便是从他人那里获取信息,所以

第五章
让谈话深入下去

往往会迅速捂住自己的信息。为了真正了解她,我需要打破她的注意力和护盾。于是我修整了一下清单,把重点放在少数几个更有影响力的问题上。

当这位受访者给我看一篇她觉得有讲述价值的新闻故事时,我开始了:"一篇好的新闻故事应该是什么样的?"

"反正我知道。"她说。我不得不追问。

"你怎么知道呢?"

"能感觉到。"

我紧追不舍:"是什么感觉呢?"

"像是一种冲动。就像是发现了新大陆,征服了地图上未绘出的领域。就像一名先驱者。"好,现在有点意思了。

"怎么知道那片领域未被绘出呢?"我问。

"我一般会寻找一些独特的东西——之前没人说过的东西,要么是因为还没人报道它,要么是因为我是第一个就这件事发表这种看法的人。未被绘出不等于未被触及,它意味有一些新东西可以说。"她阐述道。

现在,我有了可以利用的材料了:这位名记者所坚持的理念,一个清晰的观点。通过她引以为荣的几个新闻故事的例子,我可以很容易了解她的策略和执行情况。

如果你看一下我在这个场景中问的问题,就会注意到:它们很多都是以"什么"和"怎么"开始的。我并没有问"何时"和"谁"这样的问题,这些问题可能会导致对方给出死胡同式的回答("每天早上""我的编辑")。而且没有一个问题仅仅是为了得到一个"是"或"不是"的回答而设置的。我问的每个问题都是在邀请对方分享更多东西。这些就是我所说的联结性问题。

联结性问题帮助我们加深谈话

联结性问题（有时是联结性陈述）是这样一些问题：它们比较中立，目的是引出开放式回应，而不是暗示或偏向于某个特定的回答。它们能给谈话伙伴回旋的余地，让他们想怎么回答就怎么回答，而不是把我们的经验或假设投射到他们身上。当谈话伙伴害羞时，这些问题就以一种温和的方式鼓励他们开口。当他们有戒心时，这些问题就以一种诚实的方式告诉他们，没什么可惧怕的。如果能感觉到谈话伙伴有很多话要说，但出于某种原因——恐惧、礼貌、矛盾或无论是什么——并没有说，这些问题就能温暖地安慰他们：和我们在一起是安全的。不管你的谈话伙伴是密友还是新队友，联结性问题都为你们开辟了道路，让你们更理解彼此，并因此而更加亲密。这些问题的好处是，你不知道答案会把你带到哪里：如果你在谈生意，或是在探索某人的内心，这里就是完美的起点。

比如，治疗师就会在自己的临床实践中经常使用联结性问题。他们可能会问："跟我讲讲你在单位跟领导与同事的关系"或者"发生这种情况时，你有什么感觉"。这两个问题都能促使客户分享他们的感受、信念以及所持有的价值观，不去

第五章
让谈话深入下去

逼他们给出一个具体的回答,而是引导他们透过表面来了解是哪些核心、根本的问题或情绪在驱动他们的行为。

联结性问题有助于使谈话深入

当然,我们应该始终尊重谈话伙伴愿意分享的东西,因为当他们不愿意分享时,肯定有很多正当理由。有时候他们需要一些时间和空间,还有的时候,他们尚未与我们建立足够的安全感和信任。提出联结性问题的目的并不是无谓地去压迫、窥探别人,或强迫别人开口——这样做不受欢迎,不仅会让对方感觉不舒服,还会适得其反。

我们的谈话伙伴可能感受到了压力,分享了一些他们本不情愿分享的东西,事后又对这一结果感到后悔(真希望自己没说那个。怎么就说出来了呢)。如果感觉我们在强迫他们,他们可能会采取对抗性的姿态进行反击(他是真想让我承认我害怕。好吧,祝你好运,这是不可能的)。他们可能会觉得你更感兴趣的是收集信息,而不是真正了解他们(她为什么突然对我这么感兴趣,是不是想让我为她的晋升投上一票)。

如果谈话伙伴在你的鼓励下依然保持沉默,这就值得你反思一下,看看是不是未能抓住什么线索。

假设你得到了允许,那么在谈话中你可以利用三种类型的联结性问题:探索性问题、鼓励性问题和反思性问题。

探索性问题

我的一个最优秀的研究人员遇到了一次棘手的访谈。受访者在最后一刻提出变更会议时间(这在研究领域是绝对不允许的),在比预期晚三十分钟后,她登录了视频通话软件。尽管开始得很晚,但谈话还是顺利地展开了:研究者和受访者互相认识,从后面的房间里可以看到谈话进行得很流畅。我们正在了解受访者的职业目标和未来愿望,而团队也在关注着受访者的每一句话。但就在此时,手机响了起来。

我们这位受访者是位很受欢迎的女士,她的手机都快被打爆了。我们当然希望受访者能心无旁骛地参与访谈(通常我们会对他们所付出的时间进行补偿,来奖励这种良好行为),可结果并不总是如此。

这位女士并未让手机静音,或是把它收起来,而是在受访过程中便开始回复信息。她在偷偷摸摸地发短信,以免我们看到,其实对于她在干什么,我们一目了然。我们的那位研究人员曾经做过坦克兵,面对这一状况依然情绪高昂地重复着自己的问题(受访者一直在分心,没听到这些问题),尽管受访者一心多用,但她依然保持着冷静和礼貌。她温和地坚持着,完

第五章
让谈话深入下去

美地诠释了什么叫临危不乱。

问题是,手机声根本没停。十五分钟后,受访者干脆再也不避讳,直接当着研究人员的面回复起短信来。或许因为这次访谈是以视频会议的形式进行的,她的胆子才特别大,敢做多任务处理,而且感觉很自由,把回短信的重要性置于访谈之上。无论是什么原因,这样做都不好。我能看出,那位研究人员渐渐失去了热情,后面房间里的团队也开始焦躁不安。

我的研究人员感觉到气氛没那么融洽了,便开始加快进度。她飞快地问完了剩下的几个问题,在它们旁边打了对勾。匆忙之中,她开始依赖一些缩小了受访者回答范围的问题,有些甚至带有偏见。她并未问受访者"你对这个产品原型有什么总体上的看法",而是问"你喜欢第一个屏幕还是第二个屏幕"。这个方法可能效率很高,但这个问题跳过了一些重要信息——它错误地假设受访者至少喜欢两个屏幕中的一个,可实际上,她很有可能一个都不喜欢。

这位研究人员并未继续探索下去、询问受访者"你觉得自己使用这个功能时——如果你会使用的话——是什么样呢",而是问了一个更具封闭性的问题:"你会用这个功能吗"。从技术上讲,一句"会"或"不会"便可以回答我们的这位研究人员的问题,但那样的话她就不太可能了解受访者为何选择做出这样的回答。研究人员未能问出的正是我所说的探索性问题。

探索性问题通常以"如何"和"什么"开头,不带任何偏见。它们既不预先假定某个答案,也不暗示某个二元结果(是或不是)。另一种描述这类问题的方式是称其为开放式问题。真正的开放式问题可以把我们引向许多种可能的、意想不到的道路,因为它们允许谈话伙伴按照他们认为合适的方式来解释问题。当他们这样做时,就可能会给我们提供比预期更多的或不同的信息。总的来说,探索性问题可以帮助我们看到全貌,让谈话伙伴摆脱我们对他们的期望、假设或假想。

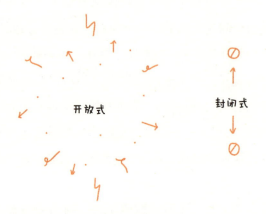

例如,下面这些就是探索性问题:

- 你对此有何感受?
- 你觉得"理想中的"是什么样的?
- 你会怎么……?
- 如果……你会怎么办?
- 如果……最大的风险是什么?

第五章
让谈话深入下去

如果研究人员提出探索性问题，会发生什么？她并非只是了解受访者是否可能使用某个功能，而是可以了解"为什么""为何不"和"怎么做"，这些会使她更全面、准确地了解受访者对我们的产品原型的真实想法。

在日常对话中，我们可以用探索性问题来在鸡尾酒会上打破僵局、与老朋友重新联系、更好地了解同事，甚至可以巩固家人之间的关系。通过不断练习，提问可以成为你的第二天性。越是使用探索性问题，你的谈话就越丰富。

鼓励性问题

第一次与莱斯利交谈时，我正在进行一些烹饪常规方面的研究，她向我讲述了她的备餐过程。刚开始聊天时，她很兴奋地跟我分享这个过程，把自己最喜欢的烹饪书和家庭食谱讲给我听，很活跃。但是，当我们聊起买菜的事时，她开始有所保留，讲话的声音变轻了，语速也慢了下来。

我越是问她在商店里的情况，她越警惕。时间一分钟一分钟地过去，我觉得抓不住她了。

虽然我想放她一马，但却做不到。我迫切需要这些知识来帮助我的跨职能团队制定正确的战略，打造合适的产品。于是我开始调转方向，问一些越来越小的问题，甚至听起来不像是问题。当她告诉我她想让买菜这件事速战速决时，我让她多说一些。当她提到她喜欢早上买菜，不喜欢晚上去时，我鼓励她跟我仔细讲讲。这几句淡淡的、鼓励性的话语终于让她说出来,事实上,买菜对她而言是一场噩梦:她没有足够的优惠券来购买真正想买的东西;大型超市布局复杂,就连最有经验的人都会感到混乱;而且她必须带着孩子一起去,一件原本平平常常的差事立刻就变得让人头疼了。发脾气和精打细算令人感到难堪,所以莱斯利起初对分享细节持保留态度。但在我的鼓励下,她松了一口气,承认她恨不得能干脆跳过备餐过程中的这一步。我只是让她多说一些,她就没有对我缄口不言。

探索性问题能帮助我们推进谈话,但有时候谈话伙伴需要我们来推一把。如果你能看出谈话伙伴想要(甚至需要)分享,但却对该如何分享没有把握,可能就需要你来鼓励他们一下。鼓励性问题温和地为谈话伙伴开辟出一条道路,让他们能多说一些。有时他们需要的不过是对方让他们继续说下去,这样他们就能开口,来继续处理、谈论事情。

第五章
让谈话深入下去

鼓励性问题听起来是这样的：

- 就这一点再多说一些。
- 告诉我这对你意味着什么。
- 跟我仔细讲讲……
- 说下去。
- 还有吗？

还有一些鼓励性问题甚至更加微妙。伴以适时的停顿，这些问题可以作为一种小小的鼓励，让我们的谈话伙伴继续下去。它们的功能是让谈话伙伴对某个想法或感觉进行扩展，因此我把这类鼓励性问题称为扩展提示。例如：

- 听起来这好像对你很难。（停顿）
- 这好像令你很兴奋。（停顿）
- 你之所以有这种感觉，是因为……（停顿）

当我们提出一个简单的看法并提示谈话伙伴就其进行扩展时，这些话语就会发挥作用。比如，我们可以把谈话伙伴所表达的情绪说出来，然后给他们空间来回应，或是深入下去。正如我们在第二章中所学到的，简短的停顿可以巧妙地鼓励谈话伙伴继续讲下去，在这一点上它们功不可没。

在与莱斯利的谈话中，这些简单却有力的话语在引出对方见解方面发挥了超出自身的能量，它们也可以在个人和专业谈话中发挥效力。对于那位性格含蓄、刚刚失去父母的朋友来说，鼓励性问题不会把他逼得太紧，而是给他空间，让他安全地说出他想说的话。如果某位同事马上要给同伴一些对方所急需的反馈，这些鼓励的话便可以让他开口。对于那位努力掌控全局的单亲家长来说，这些话语也可以为她承受的重担提供一个必要的出口。无论我们的谈话伙伴是因为脾气（天生沉默寡言）、环境（需要时间或空间来处理他们的想法），还是因为情绪（因羞愧或骄傲而退缩）而犹豫不决，这些小建议都能帮助我们剥开层层障碍，加深谈话，而不会把任何人逼得太紧。

反思性问题

斯黛拉是我的团队中最能干的研究人员之一。她做事极有条理，总是足智多谋，能让人放心地完成任何交给她的项目。她是一个天生的领头羊，深受团队喜爱，经常主动寻找分外之事，帮助自己的队员。为了让团队更高效，她已经提出了好几个倡议。

问题是，斯黛拉并没把自己当作明星。她总是热衷于帮助别人，有时候即使自己手头很忙，也很难拒绝别人。在一次一对一谈话中，她向我提出想为团队承担一个项目的想法。很好，我想，我很好奇，想听她仔细谈谈那些令她感兴趣的项目类型。她说她没有任何想法，只是想帮忙。她希望我这个当经理的能给她提些建议，看看哪些项目能让团队受益。我确实有一些想法，不过都是些枯燥的行政类任务，预算追踪和合同归

第五章
让谈话深入下去

档什么的。这些的确有助于团队的发展，但我有一种感觉：这并不是斯黛拉想要的。她的强项和乐趣是将人聚在一起，案头工作可能不适合她。

如果你有个表现出色的手下，你会真的想让他/她高兴，所以我必须确保选对了项目，这对我很重要。可斯黛拉就是斯黛拉，在我说出心里想的几个不容易做的工作时，她立刻报名参加其中的一个。我就是在这时候开始放慢脚步，问了她几个问题：我想确定她找到一个能激励她、让她兴奋的项目，而不是有什么干什么。

我以一个探索性问题开始："你希望自己能产生什么样的影响？"她说，她想帮助队友减轻一些压力。这是一个开始，但我们还需要更多的东西来开展工作，于是我用了鼓励性问题："多谈谈这一点。"她说她的团队似乎总是加班、过度疲劳。她想多承担一些，减轻一些负担，我刚才提到的那个项目听起来很棒，能让她做到这一点。

气氛越来越融洽了，但还需要更多细节，这样谈话会更有效。

我想让她说得更具体些，便追问了下去。这一回我给了斯黛拉一个非此即彼的方案，让她来回应。

"你是想提升士气还是想得到项目救援？"我问。

"当然是项目救援。"

"你是想做一些幕后工作还是想突显自己？"

"当然是幕后工作。"

学会倾听
重拾失落的沟通艺术

"你是想深化自己现有的技能组合还是获得新技能?"这一点,她需要想一想。等她再次开口时,我们最终选择了一个完全不同的项目。

这一组稍微更具针对性的问题帮助我们看清了斯黛拉的需求。它们能引起对方反思,因此我称其为反思性问题,我之所以提出这些问题,是为了与鼓励性问题和探索性问题相辅相成。尽管鼓励性问题可以起到很大作用,但我们的谈话伙伴有时可能需要额外的思考空间。对我们来说,即使我们想当场分享我们的想法,也并非易事。

反思性问题的作用是直接促使谈话伙伴思考当前话题,通常是做比较。当我们把选择摆在谈话伙伴面前时,我们就在请他们思考:哪个选项最接近他们想要表达的情绪。你的直接下属可能正在努力思考他们眼前的项目或未来的职业目标,你的兄弟姐妹可能正在琢磨该如何庆祝自己的生日,你的朋友可能无法决定该不该要孩子——无论哪种情况,都可以使用反思性问题。这可能非常有帮助,因为尽管我们有时无法表达自己想要什么,但我们却很确定自己不想要什么。

给几个方案让他们选择,这有助于将这些感受、偏好和意见表达出来。

如果你曾听过《美国生活》(*The American Life*)这一公共广播和播客节目,你就会听到这种策略在现实中的应用。艾拉·格拉斯是一位偶像级主持人,是运用这一技巧的大师。"有时候,你必须对可能的答案进行理论化。"他说。"我发现

第五章
让谈话深入下去

自己在很多采访中都会说，'那么它是更像这样，还是像那样？我可以想象它会是这样，或那样的。它是什么样？'然后他们就会被迫给个回应——把你的一个理论打掉，然后再去找其他的理论。"

在使用反思性问题时，一定要注意：每次给的选项不能超过两个，应非此即彼。如果给的多了（是 A、B、C，还是 D？），我们可能会无意中让谈话伙伴陷入选择困难，导致他们比以前更困惑。

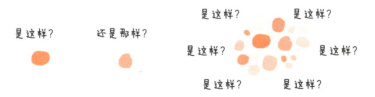

下面这些问题可以引发谈话伙伴反思，且不会让他们感到不知所措。你可以由它们来开始。

- 你是想行动力强一些还是一般就行？
- 你觉得这次反馈是非做不可还是做了也挺好？
- 你觉得你感到更沮丧还是更失望？
- 你是更希望加薪还是更想得到认可？

这些问题中的每一个都为我们的谈话伙伴提供了一个可能的前进道路。虽然它们都是封闭式问题，但却是例外，可以进一步打开而不是关闭谈话。这些问题的设计初衷是拓展询问的范围，而不是确认或结束询问。对于这类问题，大多数人自然而然地会给出一个有点长度的回答。

断联式问题

还记得本章开头那位碰上一个进行多任务处理的受访者的研究人员吗？她急于走完这次令人痛苦的访谈的每个环节，便错过了机会，无法更完整、准确地了解受访者对我们的产品原型的真实想法。为了节省时间，走完访谈各个环节，她用自己的假设来引导访谈，问了一些断联式问题。

断联式问题是指提问者以自己认为正确（或想要）的答案为基础设计的一些问题，旨在引出具体回答，可以用来推动一些特定的结果或决定，比如做成一桩买卖、得到一个肯定的答复、证明某个观点，甚至是逃避某个令人崩溃的研究性访谈。断联式问题和投射一样，使我们停留在自己的经验和假设中。它们给人的感觉可能是想要去沟通，但从深层看却并非如

第五章
让谈话深入下去

此。恰恰相反，它们是在捕捉一个联系点，或是引导别人表达某个需求，但实际上他们并没有这一需求。它们把某个需要解决的问题暴露出来，并试图做诊断，提出一个解决方案（很容易，就是提问者想要卖的、想要对方同意的或是来找对方筹款的东西）。

下面这些例子可以表达我的意思：

- 你难过吗？（假设你很难过）
- 你认为这是个难题吗？（假设你认为这是个难题）
- 这是否意味着你不喜欢它？（假设你不喜欢它）
- 你更喜欢哪个产品原型？（假设你喜欢这些产品原型中的某一个）

每个问题都是封闭的，意思就是引出的都是一个字的回答——大多数情况下是"是"或"否"。这正是提问者的初衷：如果我们想印证某个信念或假设，限定答案的数量或种类对我们有利。并非所有封闭式问题都是断联式的（回想一下反思性问题），但如果我们把封闭式问题与有利于自身利益的企图结合在一起，我们问的就是断联式问题。

有时我们会刻意使用断联式问题，但通常它们都是习惯性的，或是匆忙之下的选择，比如前面那个研究人员的情况。我们并不想把谈话伙伴引向某个方向，但如果不注意，我们可能就会对直接下属说"我猜你太忙了，接不了这个项目，对不对"，而不是问"最近你的工作量怎么样"并给他们机会，让他们去承担一个延伸性项目。如果伴侣看起来很难过，我们可能会问"你是否需要一些时间独处、慢慢恢复"，而不是问"现在什么对你最有用"并给他/她机会提出自己的需求。如果室友看起来很疲惫，我们就会做出假定"你太累了，不想出去，对吧"，而不是问"今晚你想干什么"并让他/她告诉我们，他/她这个星期五想怎么过。

最终，这些问题只会让谈话伙伴受我们的建议和偏见的影响，做出片面或不准确的回答。如果引导谈话伙伴或者研究中的受访者给出你想听到的回答，你的"数据"就彻底没用了。

第五章
让谈话深入下去

无论是在实验室还是在现实生活中,断联式问题都使我们无法了解真相,有时甚至让我们惨败。它们会引发误会(我不是这个意思)、恶意(你歪曲了我的话)和误解(你居然问这个,真是一点儿没懂我的意思)。它们还会造成伤害(真不敢相信这个人是这么想我的)和疏远(我还以为你很了解我呢)。如果问题明显带有自利倾向,人们往往会进行自我保护,彻底缄口不言。最重要的是,如果我们不能了解谈话伙伴真正想说的东西,就很难与他们进行真正的沟通。

重新构建你的问题

那么,如何才能从反射性地问一些断联式问题转向有意识地问一些沟通性问题呢?首先,检查一下,看自己是不是可能无意中将一些假设和信念植入问题当中。尽量不要用"是否"这类假定会出现某一结果的封闭问题,而是要用"如何""什么"来开头,使你的问题更具开放性。

考虑一下，如果我们重新构建下面的问题，会不会出现沟通的可能。

- 不要问："做团队中的第一个研究人员，是不是很艰难？"（假设一切都要你亲力亲为，肯定很难。）试着问："做团队中的第一个研究人员是什么感觉？"
- 不要问："这么说你是因为自己年纪大了才想要孩子？"（假设你现在肯定迫不及待地想要怀孕。）试着问："是什么吸引你，让你现在想成家了？"
- 不要问："那次会议是不是让你懊恼？"（假设你似乎不满意那次会议的进展。）试着问："你觉得那次会议开得怎么样？"

你可能注意到，在上面的例子中，我并没有问"为什么"。问"为什么"可以使你轻松地将断联式问题的封闭性结构转变为开放性结构，但最好还是不要问。"为什么"这类问题与"怎么""什么"这类问题不同，在我们听来，它们可能会带有判断性质。反复问"为什么"还会让对方感觉其隐私受到了侵犯。为了避免对方将你的好奇混淆为居高临下或窥探隐私，要少用"为什么"这类问题，多用"怎么""什么""能否跟我讲讲……"这类问题。

好了，让我们来练习一下吧。

第五章
让谈话深入下去

> **练习：将断联式问题转变为沟通性问题**
>
> 拿起笔记本，把下面这些"是否"类问题转变为以"怎么"和"什么"开头的问题，让它们有更好的沟通效果。
>
> - 你对演讲感到紧张吗？
> - 你和老板相处得好吗？
> - 你的团队让你开心吗？
> - 那是不是让你感到伤心？
> - 你和父母关系好吗？
> - 你是不是很生我的气？

重要提示

在这个世界上，我们的很多行为方式都是习惯使然，包括我们问问题的方式。但我们经常问的那些断联式问题会适得其反，让我们停留在自己的经验中，裹足不前。如果你再也不想从伴侣、同事或兄弟姐妹那儿听到一个字的回答，就该开始问另外一种问题了。用了沟通性问题，我们就能穿过表面，更深入地了解我们的谈话伙伴。

第六章

灵活应变

我团队中的一名研究人员正在进行新闻阅读习惯方面的研究。和其他研究一样,他提前准备了一组问题。在一次访谈中,他先从一些基本的问题开始问起。"你在网上关注哪些话题?"受访者自然就变得很健谈,回答道:"我会读很多商业新闻,我还喜欢政治方面的新闻。就好像一出戏拉开了大幕,各种人物纷纷登场,更不用说政策方面的拉锯战了。我经常看手机,在上下班路上、上班休息时或是在家里了解最新的新闻。说实话,就连在卫生间里我都会读新闻!也许我不应该这么痴迷于新闻,但我根本管不住自己。"

当时我正坐在密室中观察此次访谈,听到这里,我的耳朵支棱了起来。虽然访谈才进行了几分钟,但这位受访者这么快就坦诚相见,这让我们明白,我们不需要问任何热身问题。

她让我们提前深入了解了她的新闻阅读习惯(一直在读),这正是我们想知道的。她的开放态度给了我们机会,让我们能跳过清单上的一些问题,直接进行探索,这让我们节约了时间和精力,能直接抵达访谈核心。

受访者的这种即兴发挥也表明我们在倾听:我们不需要再问一些引导性问题,因为她已经很直接了。事实上,如果我们

第六章
灵活应变

沿着这条道路走下去,可能会让人感觉我们没有重点、有些冷漠甚至不够尊重人。因此我希望能听到那位研究人员深挖下去:循着这条线索,看看它走向何方,能就这位受访者的新闻阅读习惯给我们带来哪些收获。只要适时说一句"再跟我说说"就行。

可他没说,生生放过了这么好的一个开场机会。他一心想按自己的脚本走,所以并未真正听到受访者说的话。他继续向前推进,而不是对他的方法进行个性化处理。"太棒了,"他说,"你是从何时开始关注这些话题的?"受访者向椅背上靠去。"可能是几年前。"她说,然后开始心不在焉地研究自己的指甲。门关上了,就因为这样一个远没那么重要的细节,就因为它恰好是清单上的下一个问题。

在谈话时,我们有时候会出现隧道视觉,这连我们自己都意识不到。和这位研究人员一样,我们可能太想达到某个目的,或想弄清某件事情的真相,以致忘记抬起头、喘口气、听听谈话伙伴到底在说什么。当我们太胆怯、不敢尝试不同的东西或是过于认定自己的观点时,也会发生这种情况。

虽然设定意图甚至为达到目的而制定规划很有用,但如果我们拘泥于这些,往往就会忽视对方发出的一些要我们做出改变的信号。如果不够灵活,我们就会有误解他人的风险,对方就不愿再多分享,我们还有可能错过改进思维的机会。

为能在谈话中保持沟通,我们必须准备好从面前的人身上有所收获,放下脚本,适应那些弯弯绕绕甚至是尴尬的沉默——正是这些使我们的谈话有了特色,并一边推进一边调整。如果这些都不奏效,我们可能就得放弃自己的规划,从头开始。

放下脚本

有时我们为某场谈话做了准备——绩效考核、对客户进行访谈、介入朋友之事,甚至是初次约会——但谈话却未按预期发展。我们可能为某次会议精心制定了议程,但却发现这个会没有开成;可能有了一些想法,准备向人宣讲,却发现它们不受欢迎;可能仔细策划了一次演讲,却发现被人刻意冷落;可能想要了解某个人,却被他/她自我保护的本性阻挡。当这些发生时,我们要知道如何驾驭新情况,这很重要。

最优秀的访谈者都知道,有时候,"放下脚本"是明智的。在谈话中我们要牢记目标和意图,但对于如何达到目的,

第六章
灵活应变

我们应该灵活应变。若想了解客户的需求，以交付某个了不起的项目，我们可能就得从紧凑的议程上抽出几分钟来和客户闲谈，以建立融洽关系。若想为某个正经历困难的人提出建议，我们就得采取那些让他觉得能获得支持的办法，如果这个办法没用，还要准备好改变方向。如果我们的意图是想更好地了解某人，就得给他空间，让他按自己的节奏推进。秘诀就是不要太拘泥于脚本，要灵活应变，如果需要做出改变，就及时调整。这样做就能给别人空间，让他们给我们带来惊喜，证明我们是错的，教育我们，让我们逐步了解他们。

对于工作面试、谈判、调解，甚至求婚这类高风险谈话来说，这一点尤其重要。事先准备好要说的话可能是一个有用的起点，甚至可能让我们有信心来进行这些有时令人生畏的谈话，但过于依赖预先规划好的言论可能会让我们陷入困境。如果一个求职者的回答完全是事先准备好的，听起来就很不真实；谈判双方如果不互谅互让、找到一些对双方都用的办法，这次谈判就不会成功。没有一次调解不是在妥协的情况下达成的，同样，几乎没有一次求婚是完全按照预想中进行的（不过，这倒往往使故事更精彩）。如果我们不能做出调整，就很难与对方沟通。

为使双方保持沟通，或者为使进行不下去的谈话重新焕发生机，你得放下脚本。如果过于纠结接下来该说什么或问什么，就会错过谈话伙伴想要表达的东西。相反，我们可以取得一种平衡：将脚本记在心中，无须牢牢记住，只要能让讨论朝正确方向推进即可,不用完全遵照脚本来强行谈话。

> 尽量不要过度规划要讲的东西

瞄准北极星　　而不是你的一览表

要做到这一点,你可以:

- **融入新信息**。如果只抓住关于谈话伙伴的现有知识——他们的感受、意图、情绪或观点——而不去为新知识让路,我们就可能被别人视为顽固、不识时务、不灵活,甚至无知。给别人一个机会,让他们在谈话中给你带来惊喜,启发你的思维。留出必要的空间来接收新信息,用眼神接触、点头等非语言方式及确认性言语(好的,继续)向谈话伙伴表明你在倾听。
- **注意谈话伙伴的举止(言语的以及非言语的)**。在决定如何回应前,将这些线索融入进去。
- **边推进边评估**。有了新吸收到的信息,目前的"脚本"还适用吗?还是进行转变更合时宜?仔细检查一下接下来你要用的那组问题甚至回答,看看在已经了解了新信息的情况下,它们是否还有用。保留现有的问题和想法,以推进谈话,但也要准备好进行新的探索。

第六章
灵活应变

- **寻找表明你正朝正确方向前进的线索**。放下脚本后，继续观察谈话伙伴的反应。他们是在倾听吗？还是看起来很茫然或是分心？甚至是有些沮丧？这也应该成为你调整方法、确定谈话下一步走向的参考。

从对方处获得灵感

如果想让谈话处于开放状态，让事情按照应该的样子来展开，最容易的一个办法就是从对方处获得灵感。即兴喜剧演员便掌握了这一技巧，是这方面的大师。为了能成功地讲个笑话，他们必须要对眼前的情景全神贯注，随时吸收和补充各种点子。他们不仅要全程接受同剧团演员的表现，还要相信他们的方向是正确的。如果你在进行即兴表演，千万不能放松警惕，沉浸在自己的想法中，这样的话你就无法推动当前的场景。

这时就需要说"是的，而且……"。"是的，而且……"是一个用来引导演出走上正轨的机制。当某个角色、情节或细节被引入某个场景时，演员可以用"是的，而且……"来回应，而不是"不，可是"，这样就能让剧团演员协作，共同设计场景。比如，某个演员设计了这样一个场景，其中有一只大猩猩，其他演员就可以说"是的，而且这只大猩猩唱歌特别好听"。这种"是的，而且……"的心态是构成一个好场景的核心要素,也是为什么即兴表演经常冷不防出现一些笑点、在一波三折中令人捧腹的原因所在。"是的,而且……"是一种相信演出正朝着正确的方向发展、演员们齐心协力就可以达到这一目的的信念。

"是的,而且……"在谈话中也有奇效。有了这种心态,我们就不会认为谈话伙伴的想法是理所当然的;相反,我们会把它当作谈话的基石。当我们开展头脑风暴、争论某个方案的利弊、期望与伴侣达成妥协或寻找能与挑剔的队友合作的中间立场时,这种心态尤其有用。

下面这些话表达了"是的,而且……"的心态:

- 咱们就从这个开始。还有吗?
- 咱们就以这个为基础。
- 我能理解这一点。而且……
- 是的!而且……

从谈话中的绕行学习到的

一些非常成功的谈话往往开头与结尾相差很远。如果谈话真的很顺畅,我们会感觉时间飞逝,似乎和谈话伙伴一起掉进

第六章
灵活应变

兔子洞，进入了一个未知世界。有时候，谈话中会令人意想不到地出现一些迂回曲折的情况，它们就像文字联想游戏一样随意，这时我们就像进入谈话伙伴的大脑一样，很有意思。但谈话中的绕行往往并不像看起来那么随意。有人可能为了避开某个棘手的话题而在谈话中东拉西扯地兜圈子（我的直接下属已经第三次拖延汇报他的项目的进展情况了）。还有人可能感觉有些事情不便直接谈论，要得到许可才行，便转弯抹角地谈这件事，比如当别人炫耀最新款苹果手机时，他们就会含蓄地提到自己关于屏幕使用时间和孩子使用手机规定方面的理念。又或者，他们可能以为自己在表达内心的想法，可是却发现只需要谈一个肤浅的问题或话题，以便进入更深刻的话题（什么？不是谈想去哪儿度假？要谈的是你如何不喜欢自己的工作）。谈话中的绕行可能还是一个信号，表明谈话伙伴感觉很无聊，不想谈下去了，不管谈的是什么话题。谈话中出现绕行的原因可能多种多样，但有一点很清楚：这些无法预料的绕行一旦出现，就是在提醒我们，要引起注意。

下面这些话可能表明，谈话伙伴在绕行：

- "要是"之类的思路（设想、白日梦等）
- "说道……"之类的转折
- 灵光乍现
- 非逻辑推理（不符合当下话题逻辑的回应）

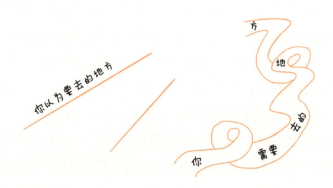

你可能不会立刻知道谈话中出现绕行的原因，但是坚持听下去，这会帮你发现绕行的目的。当谈话伙伴开始绕行时，尽全力与他们一起将谈话推进下去，让他们来引领方向。回不到原处也没问题——不管是当时回不去，还是永远回不去——你可能已经完全达到了目的。把谈话伙伴的这次绕行利用起来，当成了解他们的新起点（如果我的直接下属不愿意寻求帮助来推进自己的项目，可能要让他/她对我们多些信任，才能达到这一目的）。有了这个新信息，当你们再回到最初的话题时，谈话也会更有成效（现在他总算在谈论这个话题了，我得温和地推进，来了解发生了什么）。

适应沉默

有一次我和我的团队正在测试一个新产品的原型，这个产品将改变人们使用我们网站的方式。产品原型并非完美无缺，这就是问题所在。我们知道它尚不完善，还需要做很多工作。

第六章
灵活应变

导航有些混乱，链接会中断，我们还撤掉了该网站的一些基本功能。我们故意不完成它，推出了个"半成品"，以便来收集人们对这个产品的想法，而不是经润色后的成品的反应。

在一次访谈中，我在给受访者艾德马克讲解了怎么摆弄原型产品后，便找了个借口，让他一个人在实验室里待了几分钟。我想看看我不在旁边看着时，他会有什么反应。我加入了在密室中的队友的行列，他们正躲在一面在受访者看来像是镜子的东西后面观察艾德马克，我们都屏住了呼吸。艾德马克准确地点了点一些本应是链接的东西，但它们并不是。他试图打开一个网站，但却打不开。他能在应用程序中做一些基本操作，但很多操作却并不容易。在躲在密室中的我们看来，这个原型产品真是糟透了。

我回到实验室，来到艾德马克身边，问他对这个原型产品有什么看法。"很酷。"他泛泛地表达了一下。"我很喜欢它。"我提醒自己，不要对此感到惊讶。受访者很想给出"正确"回答，以取悦其采访者，这很常见。尽管艾德马克对原型表示了肯定，但很明显，他觉得这个原型令人困惑。怎样才能鼓励他、让他说出心中的真实想法，而不是他以为我想听到的东西？当然，我可以直接问他，但这样会误导他，让他片面关注负面信息。

这样做还会让他知道我看穿了他刚才那一番夸大的溢美之词，他可能会感觉很尴尬，无意中会抵触这次谈话。我需要做一个平衡的、诚实的评估，不让他受到我的主持者身份的影响。

有时候,要想让谈话朝其需要的方向走而不是朝我们认为它应该走的方向走,最好的办法是稍稍实施自我克制。于是我把艾德马克对原型产品的评价重复了一遍,我用的是一个鼓励性问题,来看他是否有可能分享自己的真实观点。

"这么说你很喜欢它。"我用了他的原话,来看他是否会咬饵。

"是的。"他说,然后就没了。这时我开始默默地数数,从一数到十。大多数人都会不等数完十秒就急不可待地打破沉默,有些人可能会等到十五秒,甚至二十秒。但一般来说,如果你能训练自己保持沉默,比可以接受的时间稍微长一点儿,很可能你的谈话伙伴就会跳出来打破沉默。当他们跳出来时,你的等待就值了。

我还没数到七,艾德马克就插话了,"好吧,其实,还是能找到自己想要的东西,这一点我喜欢,不过之后整理起来好像有点难。"瞧,诚实的分享开始了。这就是我要的。

大多数人在有其他人在场时都会感觉迫不得已要说话。谈话双方出现沉默的情形并不常见,会让人不舒服,所以我们不会让沉默持续下去,而是会改变话题,或是讲得太多,总之会想方设法打破沉默,甚至会找个借口溜之大吉。如果对方没有立即回答我们的问题,我们可能就会感到气馁,会迅速插话进来,让谈话继续下去。如果谈话开始陷于停滞,我们可能就会怀疑谈话伙伴已失去兴趣,便匆忙结束谈话,让对方(和自

第六章
灵活应变

己）脱身。假如谈话中过了一拍，但没人讲话，就该继续往下走了。

但是，如果你能忍受沉默，那么沉默在谈话中是非常有力的。沉默打开了我们之间的空间。沉默表明：你有发言权。你想说什么就说什么。你有充分的时间准备。我会等你准备好，等你继续说下去。

或许谈话伙伴并未对当前话题失去兴趣，他们只是在仔细思考，等想好后再开口。假如过了一拍，没人开口，可能谈话伙伴只是在为开口做准备。你的问题可能并非得不到回答，对方只是需要再花些时间酝酿一下。有时候我们看似无话可说，其实才刚刚开始。

为了能在这些时刻听到谈话伙伴开口，我们必须要给他们空间，让他们进入谈话。这意味着如果谈话中偶然出现沉默、我们在椅子上不安地扭动时，不能急急忙忙地往前推进，或是干脆改变话题，而是要停顿下来。

变个环境

有时候，灵活多变还体现在：把谈话从刻板的、有着灯光照明的办公室、会议室或教室中搬到外面的世界中——大楼外面的人行道其实就不错。我在硅谷做第一份工作时，发现了一对一散步的乐趣。我和经理之间的几次最成功的谈话都是在散步时进行的：我们绕着办公室外面的一个池塘漫步，池塘边的

学会倾听
重拾失落的沟通艺术

树荫不多不少,夏天凉爽,冬天温暖。

我们慢慢地一圈圈踱着步子,讨论着那些既枯燥又艰难的话题:在飞机上工作、业绩预期和工作与伴侣的冲突。不用非得在我们那些平平无奇、窒闷的会议室里谈话真是一种解脱,还有个好处就是我们不用面对面坐着——太正式,显得有些不自然,而且无意中给人一种剑拔弩张的感觉。谈话地点换了以后,我们肩并肩散步,感觉再谈这些话题就轻松很多,不用再瞪着彼此了。

改变环境有助于你和他人分享一些不容易启齿的东西。可以试试下面这些方法:

- **动起来**。和经理一起悠闲地散步给我们的例行谈话带来了可喜的变化。要不停地动,就像我们在徒步、开车或处于其他运动状态时那样,这尤其有助于促进谈话的开放,景物在更新,我们也在更新。
- **试试户外**。景色的改变可以重置我们的能量水平,激发另一种思维。到大自然中去尤为有用。试试去办公室或住所附近的公园或是小树林。研究表明,这些地方能改善我们的情绪。
- **打破眼神接触**。可以尝试一些活动,让你有理由不用把目光集中在谈话伙伴的面孔上。这可能听起来有悖常理,因为眼神接触很有用,它表明我们在场、在倾听对方。但有时候,打破眼神接触其实也有好处,特别是在谈论一些敏感话题时,如果双方想短暂放松一下,就可以随时这样做。比如,可以在打棒球赛时进行一次重要谈话,或是在餐厅里找一张面对厨房的桌子进行一场讨论,这样双方就都有机会看向别处,掩盖自己的脆弱。

- **偶尔为之,不能太频繁**。如果把很多令人不快的谈话都留到开长途车时和伴侣进行,那你们俩就都会讨厌自驾游。如果彻底不跟对方发生眼神接触,你就会感觉自己被忽视。如果因为谈话艰难就完全避免面对面交流,信任就开始崩塌。只能偶尔利用一下身边的环境来促进谈话,一定要注意,不能过度使用。

放弃原计划

我原本要进行一次一对一的访谈。我拨通了视频通话,等待我的受访者进入。马塞尔的脸出现了,我介绍了起来,告诉她对我们的访谈可以有什么期望,还告诉她我渴望了解她的工作,之后我会让她对我们的原型产品做一次测试。可是,还没等我们开始,另一张脸冒了出来。接着又出现了一张、两张、三张脸,不到一分钟,我的屏幕上挤满了五张脸。

"见见我的团队,希梅娜!"马塞尔说着,向我介绍了创意部的盖尔、外联部的艾丽等。"我知道你说过想跟我仔细谈谈我的工作流程,但我只负责战略部分,所以我想还是把大家都请来比较好!"这个想法确实很大度,但却让我乱了阵脚。我怎么可能让五个人同时在线测试我的原型产品、而其中只有一个人可能每天会确实使用我们的产品?

"嗨!"我打招呼道,"你们好!"

虽然我很想让同事来帮忙,但却不能这样做。马塞尔的团队是我们的一个大客户,在要保留的客户名单上,他们高居前列。我可不能表现得无礼,让他们失望,那样风险太大。他们毕竟是来帮忙的,尽管看起来有点……帮倒忙。

一想到接下来要经历六十分钟的有序的混乱,我就不寒而栗。我之前从未主持过这么大规模的访谈,更别提在最后一分钟对议程进行如此大幅度的调整。况且每个人都在视频会议上,肯定会特别混乱。但我不得不放弃原计划,现场制订一个新计划。我得实时重新调整这次访谈。

一点点的灵活调整往往就能产生很大的效果,让我们的谈话卓有成效;一些小小的改变——就像前面谈的那些——能帮助我们操纵谈话,了解谈话伙伴的需要。不过有时候我们需要大刀阔斧地改动我们的计划,这样我们才能真正理解彼此。

"感谢各位光临,"我说,"下面我说一下怎么做。"

我会让他们轮流介绍一下自己,让我对他们有个基本了解,这样我就可以相应地修改我的问题,让它们更有针对性。我跟他们说,不是每个人都有机会回答每个问题,但每个人都会被问到一些问题。到测试原型产品这一步时,我需要从每天使用这个工具的人那里得到帮助。至于其他人,我也欢迎他们

第六章
灵活应变

发表意见,不过要放在后面。"听起来可以吗?"我问,这个团队的成员点点头。"很好,"我说,"咱们开始吧。"

在寻求与他人沟通的过程中,我们必须保持一定的灵活性,让谈话伙伴以自己的节奏、自己的方式向前推进。当计划发生重大变化时,我们可能得将其完全抛弃,根据眼前的情况制订新计划。当马塞尔把她的团队带到线上时,我对她有了很多了解——她是团队成员之一,具有高度合作精神,业务非常精湛,但我差点未能认识到,她所做的工作本身就很重要。做到灵活多变后,我就能尊重马塞尔的意图,但同时也得到了我的问题的答案。

当我们不得不突然调整会议议程,以适应最后一刻的变化时,放弃计划这个做法尤其有用。比如,一场讨论意外地变成了争辩,工作周年庆典突然变成了凄惨的告别会,与直接下属的面对面交谈刚开始,他们就宣布退出团队。还有其他一些突如其来的变化,往往会让我们措手不及。在这些时候,再按原计划执行就没有任何意义。相反,你可以:

- **接纳未知**。做好发生突变的准备，不要总想着让事情按部就班地进行。一旦遇上突发情况，兵来将挡，水来土掩，这样你就能对谈话伙伴和他们的需要有更多了解。
- **表达支持**。如果谈话伙伴把事情引向一个意想不到的方向，尊重他们的做法，并与其一道做出调整。承认我们已经听到他们想要改变的需求，接受他们的决定，通过这种方式让他们知道，我们很支持他们的新方向。诸如"我明白你更想……咱们现在就做吧""除了 X 和 Y 外，还需要做些什么"之类的话很有用。
- **同一个问题不要问两遍**。如果同一个问题问两遍，就等于告诉谈话伙伴：你还停留在原计划上，未能改变方向（你确定想要……？还确定吗？现在呢），这不仅让谈话伙伴感到沮丧，还向他们表明，你根本没在听他们说话。如果你准备再次开口问同样的问题，停下来问问自己：是否真的不知道这个问题的答案，还是你并未接受谈话伙伴的新方向。

重要提示

为最大地挖掘我们身上的共情能力，我们需要在谈话中灵活多变，保持开放态度。如果谈话中出现绕行，或者未按预期发展，扔掉脚本可以让我们更接近我们所寻求的沟通。谈话可能与我们想象中的不一样，但它们依然和以前一样有意义，甚至可能比以前更有意义。

第七章

确认理解正确

我和我的团队正在就人们的购物习惯进行实地研究,每位受访者都同意找个下午时间在其家中接待我们。我们会在每家待上长长的三小时,于是我们尽量让访谈多些互动。

受访者之一玛尔塔给我们展示了她最近购买的一些物品:当地一家时尚初创公司用再生材料制造的鞋子;用纯天然原料制作、绝对未用动物进行测试的口红;美国制造的牛仔裤;还有一件昂贵且精美的上衣,上面有手工缝制的和刺绣的纹样。玛尔塔本人是位艺术家,她解释说,她很看重设计上的工艺,也愿意为此花钱。她还会在购买前定期阅读有关自己感兴趣的品牌的文章,以确保其所购物的企业拥有和她相近的价值观。

参观完她的衣柜后,只需要再问玛尔塔几个正式问题,我们就可以返回办公室了。我们向她展示了我们的原型产品,并请她试用。奥利弗是负责打造这一产品的产品经理,他对在我们的原型产品中使用语音激活这一功能感到特别兴奋(我们可以帮助人们进行免提式购物),但考虑到玛尔塔向我们讲述的她的购物过程,我怀疑这一功能对她来说可能有点太新奇,不适合她的目的,我们只能等着看。

玛尔塔使用了我们的原型产品,给我们的反馈也还不错。她希望图片能大一点,她说这样可以看清衣物的细节,她觉得自己以后会使用这个产品。

当玛尔塔在那儿摆弄原型产品时,奥利弗对我耳语道:"语音激活真是太棒了!"玛尔塔并未专门提到这个细节,所以当我看到奥利弗一副胜券在握的样子时,颇有些意外,不过也可能是我没听到玛尔塔说这个。我没有奥利弗的那种信心,我不觉得玛尔塔会使用语音激活功能。她之前提到,一定要理解她购物时对材料和工艺的关注,这很重要,而语音激活似乎会削弱这一过程。我不想稀里糊涂地离开(也不想误导奥利弗),我得弄清楚她的确切想法。

"看来有必要多些视觉细节来考察你正在考虑的服装。"我反思着之前听到的东西,说道。

"是的,"玛尔塔说,"对我来说,重要的是高品质。"

"很好。还有什么?"我问。玛尔塔提到了她欣赏的几个细节,其中之一便是能直接用应用程序购买,这让购物轻松很多。

"在应用程序内购买看来对你很有吸引力。"我又一次反思所听到的内容,说道。

"没错。"玛尔塔确认道。

"在这个过程中还有什么地方让你感觉很便捷,如果有的话?"我问。我们团队认为,在该产品中加入语音激活这类功

第七章
确认理解正确

能,主要目的就是为了便捷,所以当玛尔塔提到这个话题时,我就清楚地知道该怎么深挖下去。

"真的没什么了,"玛尔塔说,"可能是存储我的信用卡信息吧,这个挺有用。不过一旦存起来,我的信用卡账单通常会高出一倍。"一般情况下,我不会就这个话题追问下去。在使用该原型产品的过程中,玛尔塔并未激活语音功能,也未曾称其便捷、有用。这意味着她已经看到了这个功能,但并不觉得它有用。我已经给了她充足的机会,不去暗示她,让她分享自己的想法。尽管我们不会引导受访者谈论某个功能,但我需要最后再检查一下,确认一下她的观点,否则奥利弗可能会带着错误的印象离开。

"我想给你看点东西,我想知道你对它的看法。看看这个。"我指着语音激活功能,说道。"你之前注意到这个功能了吗?"我开始装傻。

"是的,这个看起来不错。"玛尔塔说,可这太含糊了,没达到我们的目的。最终,我直截了当地问了起来。"我想确认一下没有弄错。你说它'不错',那么是否可以理解为你以后会用这个功能?"

"语音激活?哦,不会的。"她说。其实我没费什么工夫,玛尔塔就说出了她的想法。她觉得这个功能根本没必要。无论如何,她绝不会不仔细查看就购买;再者,她感觉对着手机说话很奇怪。尽管奥利弗有些垂头丧气,但至少我们知道了真相。

双轨式谈话

当我们以为和谈话伙伴谈的是同一件事，但其实并非如此时，就出现了双轨式谈话。如果不小心，我们可能在整个谈话过程中都以为和谈话伙伴在同一个频道上，但事实上却相差甚远。

这种误解会对我们的决策造成巨大破坏：某位经理可能给他的一个直接下属很大的独立性，可这位下属真正需要的是实际操作上的支持。某位本来很公正的记者可能会因为误解了信源的立场而撰写了一篇有失偏颇的文章。我们给心上人送的礼物可能砸锅了，因为我们以为自己知道他们真正想要什么，但却弄错了。我们可能结束了谈话，但却出了错，这场谈话远未完成，甚至会在这个过程中无意将对方推开。

再者，被人误解的感觉很糟糕。如果别人总是不断误解我们，我们可能就会感到失望，甚至感到被忽视，未受到尊重。被误解的感觉可能是最孤独的情绪之一。更糟糕的是，为了对这些感觉做出回应，我们可能会觉得有压力，要去巩固我们的立场，更有力地捍卫它（她没理解我。这回我得大点声，说得更明确）。

或者我们会觉得再去尝试表达自己的观点不值得，索性彻底放弃（我才不会告诉老师我问的不是那个。我还是晚上自

第七章
确认理解正确

己上谷歌查吧)。如果提高嗓门,或是干脆放弃谈话,我们就可能无法跟谈话伙伴沟通,甚至还没有刚开始谈话时沟通得顺畅。

若要确保自己听懂谈话伙伴所表达的内容,最好的办法便是检查、验证自己的理解。可以尝试以下几点:对所听到的内容进行理解、反复回想自己的理解、观察对方的反应、在必要时进行澄清,这些有助于我们看清经理那张面无表情的脸下面隐藏了什么,与那些不善于表达的伙伴进行沟通,以及听懂专家那些高深莫测的话。

理解你所听到的东西

为了确认理解正确,我们首先需要理清对方讲述的内容,明白其意义。要做到这一点,必须要考虑谈话的背景,仔细倾听,抓住那些表明对方正在讲述重要信息的信号,实时观察对方的身体语言、声音、语调,来帮助自己筛选出正确的信息。做到了这些,我们就能确定关键主题,开始和对方沟通想法,发现隐藏的情感和意义。接下来我们将逐一讨论这些步骤。

确定谈话背景

为了理解对方讲述的内容,首先要给谈话设置一个背景。如果手头信息很多,知道什么(以及谁)是重要的,就更容易在实际谈话时听到这些。可以关注下面这些要点。

- **范围和目标**。此次会议、讨论或谈话的目的是什么？是为了就接下来要做的达成一致，还是为了宣泄不满？是为了交流最新情况和信息，还是为了号召别人行动起来？对这个基本问题有个回答可以帮助你确定谈话是已偏离主题，还是有的放矢；是漫无边际，还是走入死胡同。对谈话应有的样子了然于胸，你就能更轻松地筛掉一些突然插入的或是分散注意力的内容，以及一些虽不乏趣味、但终归超出谈话范围的想法。
- **群体动态**。有些人的声音高过别人，但这并不意味着他们最有影响力。特别是在群体环境中，一定要弄清，谁的意见最重要？谁的影响力最大？谁是最终的决策者？三者是否为同一人？或者，在更随意的场合下，最挑剔的人肯定会对我们去哪家餐厅吃饭投下决定性的一票。了解群体内部每个成员的角色可以帮助你把握背景，判断出哪些话是必要信息，哪些话是锦上添花。

预先了解谈话背景，可以让你知晓在谈话中该期待什么，并帮助你把握所听到的内容。

第七章
确认理解正确

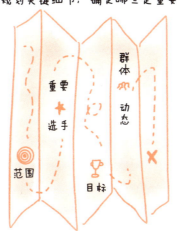

听取重要提示

有些语言信号可以帮助我们将无关紧要的细节和重要细节、将偏离正题与主要观点区分开来,我称这些为重要提示。重要提示是一些特定的短语,这些短语表明:我们应该仔细倾听。

有些重要提示很明显,而有些则不然。比如,假如一位同事说"最重要的是……",或是一位朋友说"主要问题是……",你就可以放心地判断,该对接下来的话加以注意。诸如"让我们再回到你的观点""还有"以及"正如我之前说过的"之类的短语也是重要提示;频繁、反复地提到某个观点,这暗示着对方当前正在说的话很关键。以多种方式表达同一个观点也可能是个重要提示。就连讲话磕磕绊绊也可能是提示我们要认真听：如果一个想法还在酝酿之中，需要进行更多思考以及需要对方更仔细地倾听，我们讲话时可能会结巴。

观察身体语言、声音和语调

记住，一定要注意一些非语言信号，以便更好地理解谈话内容。观察对方在姿势、音调和着重点上的变化。假如谈话伙伴说，"除此之外……"，你就知道，重要的东西来了。

识别关键主题

仅仅鹦鹉学舌般地重复对方的话是不够的，这并不能让我们理解谈话伙伴所说的话；正是在对他们的观点进行综合分析的过程中，我们才开始理解它们。

第七章
确认理解正确

为了能理解你所听到的全部内容，可以将信息归纳为若干主题。下面这些短语需要引起注意。

对所听到的内容进行归纳	
短语	主题
· 这改变了一切…… · 这时我意识到……	转折点或里程碑
· 之前我觉得…… · 我以前认为…… · 现在我明白了……	进展
· 基于你所说的…… · 在此基础上补充一点……	共识
· 如果情况不同，我会…… · 如果按我的方式来做……	妥协、渴望
· 我不确定自己同意…… · 考虑到……，我很难以那种方式来看 · 这个观点并不成立，因为……	分歧
· 我可以做计划来…… · 你能否确定会…… · 我们已决定…… · 下一步，咱们……	投入

将想法联系起来

当你开始对谈话伙伴讲话的关键主题进行归纳时,要注意将其联系起来。一件事(比如,某个具体项目给他们带来的挫败感)跟另一件事(团队文化)有什么关系?一些表面看起来风马牛不相及的想法(比如他们的效率和季节)会不会有联系?可以用下面的框架来探索各个想法之间的关系,以使自己集中注意力,并加深自己对所听到的内容的理解:

- 时间框架(天、周、月、年、季节)
- 距离(近和远)
- 因果关系(起因和结果)
- 关联性(相关的想法)
- 系统性(操作的顺序)
- 情感(激情、缺乏激情)
- 资源(所需资源、可用资源、不可用资源)

寻找观点之间的联系,以看见全景

一粒粒沙子

沙滩的景色

第七章
确认理解正确

专注于心

不过最重要的是倾听他人的感受。首先要将重心放在理解潜在的情绪上,而不是拘泥于字面意思。谈话伙伴对他们所说的话有什么感受?是受到感动,还是一本正经?是平静还是慌乱?

倾听他人的感受可以帮助你理解诸如以下这些情形:对方是否心甘情愿做出让步,某次分歧是否可能会对你们的关系产生长期影响,对方是被迫与你取得共识还是发自内心地接受你的看法。

潜在的情绪出现时,听起来可能是这样的:

- 我有麻烦了……
- 我在……上出问题了
- 我很难相信……
- 我感觉……

回放

一旦对谈话伙伴所说的内容有了初步理解,你就可以再回放一遍,来确认自己对其真正理解。为做到这一点,你可以概括所听到的内容,以中立的、不带任何偏见的方式来表达,还要和对方使用相同的词汇。

做标题式概述

回放所听到的内容——这在理论上可能听起来很容易，但在当时，如何能确切得知该强调什么呢？可以对所听内容做个标题式概述或要点回顾——内容提要或执行摘要之类。一定要短小精悍（比如一句话），让谈话伙伴更容易地快速评价你的理解是否正确。像初学者一样思考，做概述时使用人人都能听懂的简单词语，以确保问题的关键不会被术语掩盖。

例如，不要说"这么说，你的经理给你派的活太多了，这个月你要同时做很多项目"，把听到的话回放一遍，比如可以这样说"听起来你好像在努力平衡自己的工作量"。再有，不要说"你的室友在情感上很需要你，让你心烦意乱；你妹妹老是给你打电话，你的老板简直是个噩梦，总是在重大项目上求助于你，却从不给你你应得的荣誉"。

第七章
确认理解正确

要做一个高水平的回顾，你可以这样说，"看起来你处于高需求之中，而且压力很大"。

保持中立

你可能以为自己听懂了，便对谈话伙伴概述其所讲内容，但你可能出错了。这两者之间有一个微妙但又很重要的差别。比如，如果你插话道"这么说你的意思是……"，听起来就有点指责的意味甚至有点专横（这么说你的意思是不想再跟我出去玩了，哼）。相反，你可以问"我听到的是……是这样吗"。这就允许谈话伙伴纠正、澄清你的想法，而且听起来不带任何恶意。（我听到的是，你想要一些自己的时间。对吗?）这时候，在代词的使用上，你也可以讲究些策略。比如，"听起来我们需要更多时间来做决定"比"听起来你好像还没准备好"就少了很多敌意。不过，使用"我们"时，要有所选择。如果你真正指的是"你"，但却一直说"我们"，在别人听来会感觉很空洞。

可以用下面这些短语对你所听到的内容进行回放，并让对方根据需要进行纠正：

- 听起来像是……这个解读正确吗？
- 你提到……我说的对吗？
- 告诉我我对……的理解是否正确。
- 我觉得我听到的是……我概括的对吗？

- 这似乎很重要，我想确定我的理解是正确的……

使用现有词汇

在研究性访谈中，受访者经常会用自己熟悉的词汇来描述我们团队内部所熟悉的某个功能。我们称为"信息流"的东西可能会被他们描述为"显示我所有文章的地方"，我们称为"反应"的东西可能会被他们描述为"文章下面的笑脸、爱心、竖起大拇指的表情包"。受访者所用的词汇是否正确对我们来说并不重要（事实上，如果受访者懂得那些用来描述我们的产品功能的技术术语，往往会显得太过先进——"太懂技术"，反而不适合代表广泛的人群）。重要的是，受访者与研究者使用的是相同的语言。

当你为了确认自己理解正确而回放所听到的内容时，尽量不要在讨论中引入新的词汇，而是要利用你和谈话伙伴的共享词汇。这可以确保你尽可能地与谈话伙伴说同样的语言，这样一来，他们就更容易接受或反驳你对他们所说的话的理解。

使用与谈话伙伴相同的词汇还有一个额外好处，即在谈话中使各方平等。如果你说"你刷过的大照片下面的小照片"，而我纠正说技术术语是"走马灯"，之后你可能就不想跟我分享你的想法，更不用说在我误解你时纠正我了。同样，如果朋友跟你说他感到全世界的重量都压在他的肩上，你也用这个比喻来表明你在倾听而不是想出一个新比喻，而且绝对不要纠正它。

第七章
确认理解正确

克制偏见

阿比·范穆伊恩是湾区的一名视觉图像记录师。在会议和其他活动期间,她把自己所听到的内容当场画下来,为演讲、研讨会、课程等创建大型视觉摘要。要想做好这个工作,必须集中全部注意力,手要快,还要诚实地进行过滤检查。

有时,阿比发现自己会特别热衷于某一话题。"如果是关于政治、政策或教育的未来方面的话题,我可能会设想我希望这些领域未来是什么样的,也想把我听到的一些观点表达出来。"她告诉我。她可能会倾向于某个观点,而不是另一个,但她创建的视觉摘要必须要能反映听者对这些想法的实时接受情况——不能依照她自己的意见,而要依照工作室的观众或参与者的意见。阿比知道,在提笔之前,要克制自己的偏见,尤其是在报道那些令她激动的活动时,更需要注意这一点。

"这种情况下我必须监督自己,一定要保持中立。"她说道。"我必须洞悉自己的偏见和自己的内心规划,并进行过滤,以便能在画板上看到我想看到的东西。在走进房间前以及在绘画过程中,我都要做大量工作。之后,我还要仔细检查,真实地面对自己,问自己诸如此类的问题:'我是不是想要的太宏大?是不是搞砸了什么?'"如果事实果真如此,阿比就必须要修订自己的工作,不能太突出某个她自己特别感兴趣但房间里的听众的反应却并不怎么热烈的想法。

同样,当你在回放自己所听到的内容时,也要带着中立的态度来做。千万要克制住回放最令自己兴奋（甚至最难过）的部分的冲动。你可以利用我们前文讨论过的那些线索，来锁定对团队或是对谈话伙伴而言最重要的事情，而不是仅仅关注自己觉得最重要的事情。问问自己，就像阿比那样，"我是不是想要的太宏大？是不是搞砸了什么？"如果回答是肯定的，那就重新回放。

解读对方的反应

当你大声复述谈话伙伴说过的话时，要时刻关注他们的反应，以帮助自己评估是否在朝着正确的方向发展。

"您能告诉我团队合作是什么样的吗？"我们正在为一个研究职位进行面试，面试结束后，还剩几分钟的时间，在顺利进行演讲后，现在轮到这位候选人来问问题了。

"我可以就这一点说说。"设计师中的一位开口了。"我们会观察研究性访谈、参加演讲、阅读团队的报告，有时还会在他们进行头脑风暴时旁听。"候选人点点头，眯起眼睛。

如果有人想知道在一个普通的研究项目中，设计师和研究人员何时可能会有互动，这位设计师的回答会很有帮助。但是

第七章
确认理解正确

当我看着这位候选人时,她似乎不太满意,不确定是否应该让这个问题结束。她在笔记本上写了一些东西,然后停下来,抬头看了看,像是想说什么,然后又低下头继续写。虽然从技术层面看,这位设计师已经回答了她的问题,但我想知道她是否在寻找一个受启发后做出的回答。她是一位强有力的候选人,我希望我们能有一个强有力的结局,于是我问:"这能解答你的问题吗?"

"其实,我更想知道团队的日常工作方式。"她说。"在你之前提到的那些工作之外,还存在什么样的伙伴关系?还有,这可能听起来很傻,但你们是一起搞团建,一起吃午饭,还是各团队都各自为政?"

"啊!"设计师说道,"我想我明白你的意思了。"这之后他便能更完整地回答她的问题了。

在回放谈话伙伴的信息时,我们可以利用第三章讲到的那些观察技巧来解读他们的反应。他们的反应可以告诉我们,我们对所听到的东西的理解有多少是正确的,又有多少是错误的。

- **困惑**。双眉紧皱、眼神茫然、眯起眼睛都表明他人对你的反应感到困惑。这些可能意味着你对他们先前的问题或评论产生了理解上的错误。
- **不感兴趣**。目光呆滞、没有眼神接触、心不在焉地研究自己的手、很容易分心,这些可能表明你错过了对方所说的重点，正在对一个不太相关的细节做出深度反应，这是错误的。

- **失望或沮丧**。你若一而再、再而三地误解谈话伙伴的意思，便可能在他们身上看到失望或沮丧的情绪，其表现可能是在交谈时向后靠、不愿再多讲、叹气，甚至可能是提高嗓门。

此外，还要注意听下面这些声音：

- **专注**。人们在全神贯注时，会发出各种噪声。吱吱呀呀往椅背上靠的声音和唰唰唰记笔记的声音，奏响了一曲专注的管弦乐。
- **烦躁不安**。以脚点地、咔哒咔哒地按动圆珠笔和其他一些迹象可能表明谈话伙伴不耐烦，或缺乏认同感（这些声音可能与紧张时发出的声音相似，所以一定要利用更多的背景线索来对这种情况做出准确解读）。
- **沉默**。沉默是金，但如果在对话或讨论中以沉默来回应，就有问题了。沉默可能表示不同意、默许、困惑以及其他一些反应。还是再试一次吧。

在做回放时，注意观察谈话伙伴对你对他们所讲内容的理解

第七章
确认理解正确

做何反应。他们的反应会明白无误地告诉你,你是否走在正轨上。

澄清信息

有时,我们得到的信息——无论是语言的还是非语言的、明示的还是暗示的——并不足以帮助我们理解谈话伙伴的意思。当我们无法确定时,就得收集更多信息,以使自己的理解正确。为了做到这一点,我们可以让对方对我们的理解做出反馈,要求对方澄清信息,必要时,还可以用书面形式来表达。

获得反馈

如果在回放时注意到对方发出困惑、不感兴趣和其他一些表明你可能未能正确理解其意思的信号,让他们给你反馈,就像我对那位求职者所做的那样,这会给你帮助。下面这些问题可以帮你巩固自己的理解、回到正轨:

- 这解答了你的问题了吗?
- 我的理解对吗?
- 这是否是你要找的东西?
- 这个总结听起来准确吗?

要求对方澄清

有时谈话伙伴所说的东西的确会让我们感觉一头雾水、毫无把握,以致不知该从何处开始。

可能我们面前坐的是一位专家，我们没有足够的词汇、语境和知识来充分了解他的看法。也可能我们面对的是一个有着扑克牌脸、面无表情的人，他可能有意掩盖自己的想法，以对自己有利（政客、会议发言人、被媒体训练得很老练的名人均属此列）。还有可能我们那天只是头脑发昏，需要谈话伙伴说得更明确些，这样我们才能确保理解准确。在颠倒混乱的时候，唯一的出路便是闯过去。

为避免淹没在这片模糊的海洋中，可以尝试以下话语：

- 你这样说是什么意思？
- 我好像没听懂。我想知道这是否意味着……
- 我觉得自己错过了什么。你能为我细说一下吗？
- 请帮我理解你的想法。你的意思是否是……
- 请帮我理解你的感受。你是否……
- 我的理解是……如果我错了，请纠正我。

如果你对要求对方澄清问题感到胆怯（如果你并不特别喜欢寻求帮助，请举手），想一想，假如理解出现错误，那更可怕。不要因为自己没听懂简报就让一个项目不了了之，也不要因为自己未能充分理解就表示同意或做出某个决定。如果你真的在理解上受阻，可以让对方澄清一下，来帮你向前推进。

不过，要小心，不能过度使用这种方法。如果使用频率过高，谈话伙伴可能会觉得你的神经有问题，要是他们比较小心眼儿，甚至可能认为你精神有问题（我为什么老是要给他

第七章
确认理解正确

细讲？他怎么总是听不明白）。如果谈话一开始就问问题，谈话伙伴可能也会觉得你并不是一个很好的听众（我还没讲完呢）。

相反，你应该试着多花些时间来仔细思考对方说的话，根据自己的个人经历和谈话背景来考虑你对谈话伙伴的了解，并利用一些非语言信号来评估当时的情况，不要一上来就问问题。

以书面形式写下来

最近，我的一个朋友出了一次差。在开了一整天的会、和团队一起欢乐地吃了晚餐后，她碰巧和团队领导共同乘坐一辆出租车返回酒店。路上他们聊了聊这一天的情况。

"我有个很棒的想法。"主任思索着。"咱们应该在回到总部后给副总裁发一份有关今天情况的总结。"我的朋友表示同意。这种即时通气肯定能帮助团队在今后获得更多资源。"可能要写一页纸。"团队领导继续说道。"加上你、艾米利亚和卡明的想法。"

"完全同意。"当他们到达酒店时，我的朋友说。"太棒了。"团队领导说完，挥手跟她道别。"明天见！"

我的朋友进了房间后，突然被一阵恐慌攫住。她先前以为团队领导在跟自己讲述那个想法时只是说说而已，可后来再一寻思，她便开始怀疑自己最初的直觉。如果团队领导其实是在让她来写这页总结怎么办？她是否该召集同事来帮忙？

如果这份单页总结是要发给副总裁的,那么就必须写得完美无缺,他们就必须明天一大早就开工。但是,如果团队领导只是说说而已,现在就采取行动可能会显得她越权了。该怎么办?已经过了午夜,要当面找团队领导澄清已经太晚了,所以她别无选择:只得通过邮件来把她的理解反馈给团队领导。

书面交流比面对面交流要难分析得多,特别是当邮件撰写者不在你面前时,难度就更大。所以在向谈话伙伴做回放时,这不是我的首选推荐方法。任何曾经匆忙写过(阅读过)电子邮件的人都知道,没有身体语言、面部表情和音质这些背景来弥补页面上文字的不足,我们很容易误解邮件的意思——如果在邮件末尾写"谢谢。"而不是"谢谢!",你的信息读起来就会完全不同,即便你的心情并未改变。如果迫不得已,一份后续说明可能是验证自己的理解是否准确的唯一方式。如果我们没时间,无法做回放,或者跟谈话伙伴接触的机会很有限,那么书面文字就很有用。

如果你走这条路线,一定要简短、切题:简单的"我回顾了一下之前听到的内容,好像是……"就可以了。

在写给团队领导的说明中,我的朋友概述了她所听到的内容,并根据他们的聊天情况,对下一步该怎么做提出了建议,同时补充说:"您能否跟我确认一下我的理解是否正确?"这样团队领导就容易做了,并很快回复了我的朋友,抚慰她说,自己并没有正式让她撰写总结,只是和她谈谈而已,不过她是一个很不错的决策咨询人。听了这个,我的朋友就安心了。

第七章
确认理解正确

如果不对自己的理解进行验证，
我们就像两条在黑夜中交错的船

重要提示

在电视上，误解是情景喜剧的素材。但除此之外，其结果往往远没那么幽默。当我们误解他人或是被他人误解时，就会开始感觉彼此之间的沟通中断，感觉特别孤独（他为什么不懂我的意思呢）。为避免伤害他人的感情、让自己成为笑料，或是在错误的假设下做出决定，你需要在谈话中确认你对谈话伙伴所说内容的理解是正确的。

第八章

引导谈话

我的访谈还剩十分钟,可我面前的这位谈话伙伴是个东拉西扯的高手。乔丹娜很有礼貌,也很友善、健谈,但很明显,从我们六十分钟的谈话一开始,她就有了自己的议程,而且这个议程与我的并不符。这次访谈进行到现在,就像是一场激烈的对决。我每问一个问题,她会先给一个表面上的回应,然后就转到一个与我的访谈目的无关的话题上。我会反击,再回到原来的问题上,更深入一步,最终,她会用我需要的那种细密和深度来回答,然后再次偏离轨道。访谈快结束时,我已经精疲力竭,但我还需要再了解几件事。

"让我们来谈谈你是如何讲述商业故事的。关于你的公司,你希望客户了解哪些重要的东西呢?"我问道。

"我想让他们知道,我们的产品质量好,而且是自己生产的。"乔丹娜说道。不错的开始,我的好奇心来了,想听到更多。"你知道我可以和谁谈谈获得免费广告信用积分的事吗?"

就在我们刚开始在这个话题上取得些进展时,她又偏离了方向。很明显,如果我想从这次谈话中得到任何有用的东西,就必须要重定向。

重定向是一门艺术,它可以默默地将谈话伙伴引向某个话

第八章
引导谈话

题,或使其离开某个话题。当你的谈话伙伴开始回避某个话题,或是在就某个话题侃侃而谈时突然卡住,这个方法就很有用;特别是当你想让谈话向前推进却不想结束它时——比如在开会或出席晚宴时(这时突然离开可能会让人觉得不礼貌),尤其有帮助。重定向的原理是知悉你在谈话中的位置,并礼貌地推动谈话向前发展。

重定向有助于使谈话走上正轨

向左	向右	低一些
请再高一点	再高一点点	完美

"我肯定能在这方面提供帮助。"我告诉乔丹娜。"但现在,我想先暂停一下这个话题,真正深入了解你的公司和你的故事。你的工作对我来说实在太有趣了,之后咱们再来谈广告信用积分的事。"

"听起来不错。"乔丹娜说。我们便快速回到正题。为何我对乔丹娜的重定向起作用了呢?首先,我确保不去掩盖她想要的东西,而是明确地说出来——通过承认她对信用积分的兴趣,让她知道我在倾听。接着我强调说,我对她要说的内容真的很感兴趣。最后,我向她保证,我一定会把她想要的东西弄到。这个虽然小但很有效的转折过后,访谈的剩余部分就进行得异常顺利了。

重定向有两个目的:它让谈话者意识到自己在谈话中的位置(无论是在一个话题上打转还是偏离话题、主导谈话还是即将说错话),还能节约你和谈话伙伴的时间和精力。

如果做不到重定向——可能不知道怎么做,或者不愿意这么做——谈话中的每个人都要受罪。我们可能被迫观看令人尴尬的口角之争,浑身不自在;可能会痛恨某位同事占用了宝贵的会议时间——本来这个时间是可以更公平地分配的。如果别人对我们的兴趣已经开始让我们感觉有侵犯性或恶意,我们甚至可能会感觉不安全,需要得到保护。在这类时刻,重定向就是一个有用的工具,可以帮助我们渡过难关。接下来我们看看如何在这些情况下让谈话保持在正轨上。

用重定向来应对逃避

加芙列拉事先告诉我,她有一个最新情况要跟我汇报。

一般来说,当一个直接下属提出在最后一刻见面并想提供"最新情况"时,可以肯定他马上要辞职。我感到心里一沉——每当这些会面邀请出现在我的日历上时,我总是会有这种感觉;无论你处理了多少次辞职,这都不是件有趣的事。不过,我已经经历了很多这样的谈话,深知它们是必要的。我明白,职业道路充满了曲折,我也能理解:有变化很正常的,我

第八章
引导谈话

欢迎这些变化。

加芙列拉和我在公司的咖啡厅里见了面,我们通常会在这里进行一对一谈话,聊聊天,或是聊一下周末做了什么。聊完后,加芙列拉开始了:"我在想,我们下次举办研讨会时,最好能多请些工程团队的人来。我觉得如果他们能听到更多的用户故事,会受益的,有助于他们产生共情。"我没想到她会一上来先讲这个,不过,是的,这听起来倒是一个好主意。"还有,我目前的项目进展得很顺利;我的团队都在圈子内,我计划本周晚些时候进行一次头脑风暴,来探索一些新的设计概念和未来产品的功能。"好吧,这听起来也不错,可是我的超能感官告诉我,这并不是本次会面的真正重点。"我一直在写的报告也快完成了,等着你来反馈。我明天发给你好吗?"

我们的时间已经过半,可看起来离加芙列拉想要说的还远着呢:她说话时语速飞快,在椅子上动来动去,频率也比平时高,她似乎在为什么做准备。

"好啊,当然可以。"我说,"不过我想跟你快速确认一下时间,我知道你有一个具体的情况,想要和我分享。咱们还有十五分钟,只是提醒一下。"

"好的,"加芙列拉说,"我打算按刚才我们说的每件事去做,还有,我想提前两周通知我要辞职的事。"终于说出来了!

有时候,我们的谈话伙伴有重要的事要说,但出于某种原因(恐惧、羞耻、负罪或紧张),可能会回避谈这件事。如果

学会倾听
重拾失落的沟通艺术

知道谈话伙伴有话要说——可能他们已经告诉了我们很多,也可能是他们当前的行为甚至身体语言表明了这一点——我们就能引导谈话走向他们想要的方向。

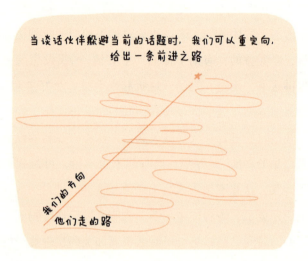

如果谈话伙伴回避手头的话题时,你可以采用两个简单但很有效的技巧。

给个提醒

提醒可以使别人有勇气按自己可能希望的方向来推进谈话。同时,提醒还向对方表明,你正在跟踪他们的意图,并已经准备好听他们讲那些难以启齿的话。如果对方知道你们有共识,就会获得一点小小勇气,来跟你分享他们真正想要在谈话中解决的问题。

你可以用下面这些话来诱导谈话伙伴说出内心真正的

想法：

- 你刚才说你想谈一谈……
- 我知道你一直在想……咱们现在谈谈这个好不好？
- 你还想讨论另外一件事……
- 我记得你想说一件特别的事。咱们要不要谈谈这个？

施加压力

稍稍施加压力可以制造出一种必要的紧迫感，以正面解决问题。在我和加芙列拉的谈话中，我希望能通过告诉她我们在一起的剩余时间来鼓励她说出内心的想法。只要提醒谈话伙伴你们还剩多少时间（或者已经在一个可能相关的话题上花了多少时间），就可以帮助他们看清该将注意力转向何方。比如，你可以试试下面这些方式：

- 已经不早了，咱们是否该聊聊……
- 半小时后（咖啡屋就打烊了、火车就来了、会议就结束了），咱们先谈谈……吧。
- 我想提醒你注意一下时间；咱们现在就谈谈……
- 咱们的时间已经过半，是否该优先讨论……

重定向，以阻止对方在同一话题上打转

我的一位朋友正在接受培训，准备做一名职业指导师。她的客户中有一个三十多岁的年轻人，刚刚 MBA 毕业，正处于

职业困境。他不知道自己下一步想做什么,而且还有一大笔助学贷款要还。

"我正在考虑进入招聘领域,或是人力资源领域,管理领域也有可能,也可能是市场营销领域。"他说。好吧,我的朋友想,真够多的,不过,毕竟是个开始。"可我不知道为什么,不管怎么努力找,我也找不到自己真正喜欢的事情。根本没有适合我的东西。"她的客户叹了口气,说道。越是加大对兴趣的探索力度,他就越是垂头丧气。

"这些角色令你感兴趣的是什么呢?"我的朋友问道。此时她用的是一个沟通式问题,力图找到将她和客户联系在一起的那个共同线索或驱动性兴趣。

"我很肯定我能被聘用,如果申请这些职位的话。"他说。这可算不上一个受启发的回答,于是我的朋友开始深挖下去。

"这么说这是一些我们都觉得你很有信心能得到的工作。"她说。这里她用了一个扩展提示。

"是的,我觉得我的背景与这些工作非常匹配。"说着,他停顿了一下,脸上闪过一丝担忧。"要是得不到这些工作,我不知道我能干什么……要是没有任何适合我的东西怎么办?你能不能把我介绍给你认识的这些领域的专业人士?"

有时谈话伙伴会绕着某个话题打转,此时需要有人协助他回到手头正在讨论的问题上。如果某个人在谈话中卡住,下面这些是最常见的信号:

- **盯住不放**。在同一条路上打转,只盯着一个想法或感受——比如就业市场的不可及性。
- **无望**。对某个特定情况看不到出路;"只剩半杯水"的观点。
- **重复性语言**。一遍又一遍地用相同的语言来表达自己的固执,不偏离自己最初的谈话要点。

如果别人在整个谈话过程中一直绕着同一组想法转圈,谈话无法向前发展,我们可能需要对他们进行重定向,让他们进入更有成果的领域。下面这些策略可以帮助你做到这一点。

帮助别人看清他们卡住了

有时重定向可以很简单,只要让别人注意到自己卡住了就好了,这样你们就能共同将某个话题向前推进,而不是绕着它打转。当你在重定向时,想象自己举起一面镜子,让谈话伙伴看,这可以帮助他们认清自己可能卡在哪里。一定要诚实,如果有必要，可以温和地提醒他们面对现实。

我的朋友知道她的客户在打转，便小心翼翼地说了他有可能已经知道的东西（但可能需要从别人那里听到），以此来对他进行重定向："如果你准备好了，我很乐意帮你介绍一下，"她轻轻说，"但是听起来你可能需要更多时间来思考究竟想要什么，然后才能出击。"最终，他同意了。

你可以用下面这些语句来对谈话进行重定向，帮助谈话伙伴看清他们的问题所在：

- 这一点看起来好像很重要，要继续进行思考。
- 听起来好像在这里深入挖掘下去可能会有帮助。
- 我感觉你还在研究这个问题。
- 感觉这个可能需要更多思考。
- 我想回到你先前说过的那件事情上。
- 我一直在想你刚才提到的一些东西。

重新构建形势

有时候，我们的谈话伙伴之所以被卡住，是因为他们只从一个方面看待问题。当他们的视角被固定住时，改变一下框架就可以帮助他们向前推进。譬如，如果谈话伙伴的视角固定在未来，将它们指向现在就可以重新启动他们的思维（我们知道你将来的定位；今天咱们能怎么做呢）。对于那些停留在过去的谈话伙伴，跳到未来可能会有助于他们向前推进（我们知道现在有哪些局限。设想一下未来怎么样）。同样，引导谈话伙伴考虑不同的参考点可能会帮助他们踏上一个新方向，从生疏到熟练（如果钱不是问题，你会做什么？如果你拥有无限的时间，你会做什么）。

可以用下面的语句来重新构建形势，鼓励谈话伙伴在谈话中采用新鲜视角：

- 如果我们从这个角度思考，会发生什么？
- 如果假设反过来是真的，会怎样？
- 如果我们把这个当成既定事实，会怎样？
- 如果我们假设这个能争取到，会怎样？
- 如果我们想象所有的选择都在桌面上，会怎样？
- 如果我们改变时间框架，会怎样？

重定向，让他人加入

不久前，我在收集团队的意见，我想知道他们觉得与那些设计同行合作得如何。对此我有一个清晰的观点，那就是我们根本就没有什么合作——这样说并非出于恶意，而是因为我们缺乏意向，对此我也负有部分责任。但我的团队也有同样的感受吗？

科莱特——我的一个直接下属——开口了。她总是这样，从不会羞于告诉你她的感受。"如果你问我，我感觉设计团队似乎并没从工程团队那里得到多少尊重。他们似乎只是现在才开始在乎该怎样培养这种感情。"她说。"他们甚至都不再参加我们的分享会了。"就这样,科莱特开始原原本本地讲述她和设计团队的互动,以及这些互动如何不充分。

科莱特接着说了下去,这时我看到她的队友开始分神了。先前关着的笔记本电脑现在又被打开了,团队群聊里的消息满天飞,注意力越来越涣散。虽然她的意见很关键,但她花的时间越多,给别人留下的空间似乎就越小。为了能对这个问题有个全面的认识,我必须要重定向。

"谢谢,科莱特,谢谢你让我们开始讨论,并让我们再次回忆起与设计团队的合作。"我说。接下来,我向大家开放这个话题。"听起来,科莱特与设计团队的交往有些紧张。保罗,"我说着,转向团队另一名成员,"你跟他们打交道的感觉如何?"

有时候,你需要对谈话进行重定向,以确保每个人的声音都能被听到。在小组讨论中,每个人的性格和谈话风格都各不相同,这一点尤其要重视。以鼓励参与的方式来促进谈话可能会对谈话有帮助。

追踪发言时间

要想做到这一点,追踪发言时间或每位参与者得到的主动发言时间是个很好的起点。这里的发言包括每次打断别人、提出问题、发表讲话或在小组中的口头发言——对有些人来说,这极其重要,但对另外一些人来说,它的效力则微乎其微。

第八章
引导谈话

小组的动态有时很明显，甚至是可以预见的。小组中的某个成员可能会占支配地位，比如科莱特，她总是跃跃欲试，在谈话中起主导作用。还有的人可能也有一些经过深思熟虑的想法，但只有在得到明确邀请时才会表达这些想法，比如保罗，根据经验，我知道他只有在被问起时才会发表见解。

有时，你可能并不真切地了解小组的动态，反而是在实时谈话中，这些动态可能会对你显露出来。比如，研究人员在举办研讨会时，会邀请一组参与者在小组环境中就某个话题分享自己的想法。我们无法预测小组中谁最健谈、谁最安静，但我们能预测的是：一定会有各种各样的谈话风格，这可能就需要重定向。如果不熟悉小组动态，在这样的讨论中，尤其要追踪每位参与者的发言时间是多少。注意听，看是否有人左右谈话。如果讨论失去平衡，重定向可以帮助你在小组中建立平衡。如果每个人都有机会发表意见，讨论就会丰富得多。

传递麦克风

在和这个小组讨论的过程中，我发现科莱特并不是唯一一个感觉与设计团队疏离的人，但她却是唯一一个感觉工程团队加剧了这个问题的人。把麦克风传递给别人有助于让团队中的更多成员参与进来，这样才能更准确地指出合作关系出现紧张的根源（就我们而言，根源是未能明确角色），以及我们可以就其做些什么。

下面这些用于重定向的话语可以给小组带来平衡。它们的原理是先认可一方的发言，然后再邀请其他人发表见解，这样就不会有人感觉被打发或受忽视，大家都会觉得被倾听。

- 谢谢你提供的细节和背景。大家还有什么想法？
- 谢谢大家的发言。其他人对此还有什么共鸣？
- 我想总结一下 x 的经历，听起来像是……其他人还有什么经历？
- 这个观点不错（想法很好、请求很合理）。对面的人怎么看？
- 感谢分享你的感受。现在让我们请小组其他人也谈谈。

引导谈话，让每个人都发声

重定向，使谈话回到正轨

我和团队正在共进午餐，来庆祝一位同事升迁。团队成员伊妮丝正在向我们详细讲述她通过第三方网站预订机票的灾难性经历。她最初预订好了机票，后来需要变更机票，便给航空

第八章
引导谈话

公司打了电话,又给第三方的运营商打了电话,结果在办理登记手续时弄错了航班,退款时又一片混乱,之后还有很多事情。我就不说这些细节了,我想说的是,如果你觉得自己需要灵活变更航班预订情况,最好是直接通过他们的专有网站预订航班(抱歉,旅程网)。

当伊妮丝不厌其烦地讲述她的经历时,我的思绪开始飘忽。我瞄了一下那几位同事,很显然他们也开始走神:有位平时在谈话时喜欢睁大眼睛、鼓励别人的同事看起来很紧张、疲惫。

另一位在仔细研读菜单,仿佛那是世界上最吸引人的东西。还有一位已经开始心不在焉地研究起自己指甲的角质层,偶尔"嗯嗯"两声,表示她还(算是)在听我们说什么。有位同事试图插话,让众人的谈话向前推进,但伊妮丝正讲在兴头上,竟然打断了插话者(我还没说完呢)。还有可怜的艾尔莎,这位主宾正有礼貌地听伊妮丝讲她的故事,而我们本该为她庆祝,并送她离开。假如我们当中没人突破一下,这顿饭将会吃得特别糟心。

为了能不失礼貌地把话筒从伊妮丝那里抢过来,我开口了:"不好意思,我不得不打断你。今天是艾尔莎的好日子,我们得为她庆祝一下。我知道她的经理想在咱们点餐之前说几句。"把话筒传给艾尔莎的经理,既把事情办了,又不让任何人感觉难受。整桌人都兴奋起来,包括伊妮丝。

保护议程

如果有议程,把手头的议程重申一遍是一个可以防止谈话脱轨的简单、直接的办法。如果小组中的某个成员跑题,下面这些话语能帮助你回到相关的讨论话题上。它们尤其适用于在一些更正式的场合,比如办公室。如果下次你发现谈话有跑题的倾向,自己正在费力把它拉回来,不妨试试这些话。

- 让我们把注意力集中在我们之前谈论的问题上。
- 回到我们手头的目标如何?
- 我们要记住原本想讨论什么。
- 为何不再回到那一点?

正如我们在第六章看到的那样,在办公室以外进行的很多谈话也都有议程,即使我们并不这样称呼它们。比如,如果你正在和一个老友叙旧,你们很久没见,不知道彼此近况如何,那么这次谈话的"议程"可能就是要在一顿饭的时间里把这一年的重大事件都塞进去。如果谈话跑题,你的朋友开始讲所有人的个人近况,除了她自己的,而你特别想知道她过得怎么样,这时你就可以重申那个"议程",抓住时机讲几句话,让谈话回到正轨上。

- 给我讲讲你最近晋升的情况(订婚的经过、工作上的重大事件)。

第八章
引导谈话

- 跟我讲讲你是如何适应那份新工作的（最近家庭方面近况如何）。
- 咱们还是再回到你刚才想谈的生活近况上吧。
- 跟我讲讲你最近感觉如何（家庭状况如何）。

管理切入点

在将大家的谈话带偏这件事上，有些人是惯犯。如果发生这种情况，最好直接就他们的行为与他们交流，无论他们是否意识到自己的这个习惯。为取得最佳效果，可以在表达你的看法时提出一个请求，以表示你理解。

例如：

- 我注意到你今天好像一直在带着我们跑题。你有什么想跟我说的吗？
- 你已经跑题好几次了。是不是有什么事情困扰你？
- 今天你好像心不在焉。咱们谈谈这个好吗？

在有些情况下，即时跟进可能是使谈话回到正轨上的最佳选择。不过，如果你怀疑谈话伙伴有什么隐衷，那可能等大家都散了再和他们谈比较合适，否则他们会觉得很不自在——让他们当众说出心事，有些强人所难。

以重定向来改变节奏

在谈话中，并非每个话题都需要我们给予同样多的时间和注意力。有时为了切入主题或发现谈话伙伴的核心需求，我们需要加快谈话的进展。还有的时候，我们可能需要放慢谈话速度，在某个话题上多花些时间，即便谈话伙伴在回避这个话题。

在没有议程的情况下，该如何知道在某个话题上花费的时间或注意力是太多还是太少？当你在考虑对谈话进行重定向、改变其节奏时，可以问问自己以下这些问题：

- 这个话题值得花五分钟还是五十分钟？
- 我们迅速处理这个问题，是否在向前推进？
- 是否可以慢慢处理这个问题，来推进谈话？
- 是否需要更多空间来进入谈话的核心，还是说已经给了太多的空间？
- 我是否需要更多时间来了解这个问题？

如果谈话陷入僵局，或方向不对，改变节奏，以使其重新走上正轨

如果确定某个话题值得花更多的时间来讨论，或者正相反，已经把需要说的都说了，那么下面这些话能帮上你。它们

第八章
引导谈话

能明确表达我们的意图和我们想要的方向,所以能起作用。

这些话为深入某个话题创造了空间:

- 我觉得值得在这里多花些时间。
- 我想再回到刚才你说的那件事情上。
- 你提到的事情引起了我的兴趣。
- 让我们再多思考一下这个问题。

下面这些话可以使谈话向前推进:

- 我想暂时换个话题……
- 我还希望能谈谈……
- 咱们要确保涵盖……
- 我想一定要跟你谈谈……

重定向,以防失言

我们都曾在谈话中犯过错误,有些是大错,有些是小错。有时我们明明已经见过某个人很多次,却还是会忘了他的名字,甚至比这还糟糕,喊错了名字。有时我们可能无意中问了一些侵犯某人隐私的问题,比如是否结婚,是否想要孩子,或是日子过得好不好,但其实我们并未得到允许可以这样问。我们可能讲了个笑话,却并不好笑,可能滔滔不绝地谈论跟自己有关的事,甚至可能会在办公室里说一两句脏话。我们当中有些人甚至还会祝贺某位女性有喜,而其实她并未怀孕。失言的例子实在太多。

当我们失言时，常常会对自己的行为感到羞愧（真不敢相信我居然以为她怀孕了），感到羞耻（我可能真不该在同事们面前说脏话，特别是，我还是他们的经理），甚至会感到内疚（这个人总能记住我们的名字，我为什么就不能以同样的方式对他呢）。我们可能还觉得自己老练一些就好了。

我们经常恨不得自己什么都没说，或者谈话伙伴能在我们口无遮拦地乱说之前阻止住我们（这回我真的插嘴了，他看着我，就像看着火车失事的慢动作一样）。

作为倾听者，我们可以有效预防这种时刻带来的尴尬和不安。当谈话伙伴眼看要失言或破坏其声誉时，你可以出手相助，把谈话引向更为中立的地带。在这些情况下，重定向可能听起来不会那么突兀，因为此时慎重是有好处的。

引入新话题

引入新话题可以温和地将注意力从某个具有潜在危险性的话题转移到一个大家都能畅所欲言的话题上。要做到这一点，你可以用一些过渡性话语，找到一些能帮助我们进入谈话新领域的微小支点。比如，你可以试着这样说：

- 我希望我们能仔细考虑一下……
- 我还想谈谈……
- 我一直想让你了解一下……

第八章
引导谈话

- 让我们确保能涵盖……

使用紧急支点

紧急支点是将讨论引入一个与正在进行的谈话几乎毫不相干的安全、中立地带的最后手段。因为是突然插入,它们可能听起来没有过渡性话语那么有礼貌。它们可能会让人感觉刺耳,但如果情况危急,它们能救场。

紧急支点听起来会有些突兀,它可以是任何你能想到的、比当前话题更安全的领域。比如:

- 你有没有看最新一集……?
- 你听说关于……的新闻了吗?
- 好激动能去(看一场新演出、度假、吃意面,等等)!
- 洋基队怎么样?

按下暂停键

有时我们嘴边一时没有现成的新讨论话题,但我们又确实知道得让谈话停下来,不能让它再在原先的轨道上跑下去。如果你看到事故即将发生,却想不出该说什么来把谈话转移到更中立的地带,只要注意按下暂停键就可以了。眼看有人要失言时,最好的办法可能就是简单利落地打个圆场:

- 咱们回头再谈这个话题。
- 等会儿再说。

- 少安毋躁。
- 让我们暂时搁置这个问题。

给出逃生路线

如果改变话题、按下暂停键的尝试都失败了，可能你该按下退出键。你可能需要把某人彻底从谈话中拉出来，这既是为你也是为谈话伙伴着想。你可以有礼貌地拍拍朋友，把他拉出来，不用再参加轮流发言（在厨房帮我打个下手怎么样？我现在需要有人搭把手），还可以把同事从会议中拽出来（我可否借用你一分钟）。

重定向，以调解争端

一场家宴正在进行，二十二张椅子上坐满了热情洋溢的家人。人们从四面八方赶来过节，来见见侄子、侄女和未曾晤面的孙辈。宴席上觥筹交错，大家都齐声赞美着大厨。气氛很喜庆，这时两个家人开始为育儿方式争吵（不能让婴儿哭个不停。太可怕了！我从不会……是的，所以你的孩子才睡觉那么轻！你这种态度，要是晚上能睡个整觉才怪。我的孩子……）。关于睡眠训练，每个家庭有自己的看法，问题不在这儿。问题是，在不知不觉中，那两个家人的声音开始提高。很快，整桌人都能听到他们在争吵，开始只是在一个角落里发生了小小的分歧，但现在却是在上演一场家人间的内讧。这两

第八章
引导谈话

个家人经常发生口角，大家已习以为常，但这太过分了。现在是过节期间，大家都从那么远的地方飞到这儿，就不能好好相处吗？得有人来控制场面，对谈话进行重定向，以缓解大家的不愉快，帮助这两个家人认识到，他们的争论火药味儿太浓了。但如果没人跳出来，这两人就会继续唇枪舌战，争论就会升级，其最终结果便是：有人摔门而去，屋里的人陷入尴尬的沉默。这个晚上似乎被毁了。

如果谈话开始失控，我们得让它缓和下来。通过对谈话进行善意的、坚定的重定向，我们可以将其引入更为平缓的地带。

成交

当谈话伙伴正在气头上时，可能还没准备好从争吵中撤离出来。当争端即将演变成一场全面的争吵时，我们可以承诺未来会解决问题，来对谈话进行重定向。下面这些话语中的每一个都承认了我们的对话者的弱点，然后温和地将谈话引向新的领域，同时还建议在需要的时候重新回到原来的话题上。

- 我知道你对这个话题感受强烈。既然不是每个人都能体会到，也许我们可以在稍后和较少的人一起再回到这个话题。这样可以吗？
- 看得出你对这个话题有很多话要说。如果你不介意的话，让我们在完成（庆祝、敬酒等）之后再来讨论这个问题。

- 你对（睡眠训练等）的热情显而易见，但也许我们可以在晚餐后继续讨论这个问题。你愿意这样做吗？

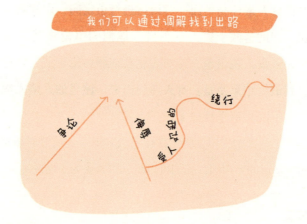

代表双方

你还可以关注争端背后潜藏的情绪，以此来化解争论。把你听到的总结一下，描述当事人的感受，让大家都明白摩擦的真正起因是什么。如果你曾参加过伴侣治疗或家庭治疗，或者曾在家里的两个孩子之间做过调停，就能识别这一技巧（苏菲感觉受了伤害，你感觉很愤怒）。

考虑一下下面这些话语：

- 听起来你的感受是这样的……他的感受是那样的……
- 看起来好像一方感觉……另一方感觉……
- 他……她……

第八章
引导谈话

如果你发现自己正在试图解决某个争端,而你自己也牵涉其中,这些法则同样适用:说出你所了解的谈话伙伴的潜在情绪,千万注意要保持中立,保留自己的判断。重要的不是说"你太敏感了,我只是在开玩笑",而是说"我能看出来你受伤了,你之所以有这种感觉,我也有份"。如果能考虑到别人的感受,你就很难对他们发火了。

分享自己的感受、让谈话伙伴知道你在经历什么也是个不错的办法。"这个话题让我有不安全感"或"这个话题让我特别焦虑"有助于勾勒出全貌。和谈话伙伴一起挖掘这些感受有助于解决你们之间的争端。

无论你表达的是别人的感受,还是自己的感受,都要注意不要解释你们为何各自会有那样的感受——至少一开始不要解释——因为如果不小心的话,我们很容易就会将自己的感受归咎于别人。"这话题让我有不安全感"可能很快会变成"这话题让我有不安全感,因为你总是在吹嘘自己的成功","这个话题让我特别焦虑"会很快变成"这个话题让我特别焦虑,因为你要求我完美,给我带来了巨大的压力"。

我们的目标是要能让自己说出这样的话,"当……发生时,会让我感觉……尽管我现在明白你不是那个意思"。如果争吵双方的感受都已明了,他们就会缓和下来,相互理解,即便尚不能立刻解决争端。

关闭

当然,你的解决办法也可以更直截了当,这要看你们之间的关系怎样:"女士们,不管你们怎么对孩子进行睡眠训练,你们都是好妈妈。来吧,咱们接着庆祝吧!"

甚至还可以说:"你们两个别闹了。咱们继续。"如果你承诺将话题推迟到以后,但这个承诺太温和,大家不买账(或是根本做不到),那就干脆关闭话题,向前推进。我们将在第九章中继续谈这个技巧。

重定向,以保护自己

我有个同事,我和她在一起时总是会说太多。这几年来我渐渐明白,她并不是我最值得信赖的同事,可是,尽管在和她单独聊天时我能保持警惕,但到我们的谈话结束时,她还是能设法从我口中套出一些我原本并未打算跟她分享的东西。我觉得自己够冷静了,但我承认我这个行为一点儿也不理性。在和她谈话后,我一次又一次地停下来,反思究竟是哪里出了错。是不是暂时忘记她不可信赖这件事了?每次和她会面前,我都会在心里做准备,所以不可能是这个原因。被催眠了?也不可能。可为什么会这样?

上一次和她见面时,我恍然大悟:她在我身上用了一个研究用的调节技巧——我们之前在第六章中曾学过这个技巧,如

第八章
引导谈话

果你感觉别人还有话要说,这个技巧就会派上用场。其实很简单(但也很微妙),她用沉默来等我开口。虽然我对这个策略耳熟能详,但当她将其应用在我身上时,我却浑然不觉。

我怀疑这位同事知道自己在做什么,根据事实推断,我有点被操纵了。既然意识到了这一点,如果让我来决定的话,我们不会再有交集了。但这不可能,除非我辞职。

现在,当我再与她会面时,我采取了完全不同的方法。当她等我开口时,我不再填补沉默,也不再回答关于我的职业抱负方面的个人问题,更不会跟她发一些与专业有关的牢骚。我依然还能跟她热情地交谈,但我不再轻易上套。因此,当她用"这次改组很了不起,对不对?我猜这让很多团队都有了机会。很有趣,是不是?"来套我的话时,我不再上钩,承认说:"是的,这种跟改组有关的钩心斗角是肥皂剧里常演的""是的,我有兴趣扩大范围,把众多团队中的一个拉进来,这个团队很快就会失去舵手,陷入绝境。"相反,我开始重定向了,说道"这个不错。现在我们谈谈那个快到期的项目吧……"。

转移

如果你需要对谈话进行重定向,以防止被谈话伙伴的恶意所伤害,要做到这一点,你并不需要亮出全部底牌。有些场合需要你摆出好脸色、使用外交手腕或不让对方看出你已知晓其意图,在这些场合下,这一点尤其有用。想一想办公室的钩心斗角、与姻亲的微妙谈话和其他一些可能经不起诚实的考验的让人头疼的关系。

下面这些话语可以帮你重定向，而且不会暴露你的动机：

- 这让我想起……
- 真有趣。还有个新闻……
- 说到……，你听说过……？
- 我一直想跟你讲讲关于……近况。

坚持自己的立场

有些情况下，我们可能要明确告诉对方为何要对谈话进行重定向。如果我们与谈话伙伴相处融洽，或是不害怕遭训斥，让他们知道我们为何重定向其实更令谈话卓有成效，特别是当谈话伙伴越过了道德或伦理的底线或是越了界时，其效果尤为显著。

比如，你可以这样说：

- 这个谈话的走向让我不舒服。咱们还是聊聊……吧。
- 这场谈话已经失控了，我觉得必须要介入了。我建议咱们转向……
- 这太不专业了，完全不符合要求。好的话题应该是……
- 看起来咱们好像被激怒了，没必要。何不谈谈……呢？

第八章
引导谈话

当心救世主效应

我曾经跟一位初级研究员谈过话,他在一次团队会议上被一位资格比较老的同事重定向后,感觉受了冷落。当时我们正在跟一位刚刚走马上任的主管开"见面会"。

这位初级研究员问了新主管一些关于她的领导经验的问题,问题比较尖锐。"我听说你之前从未管理过研究团队。"他问道。"作为新团队的一员,你准备好领导我们了吗?"

主管很认真地对待他的问题,停了下来,仔细想了想,然后给了他一个经过深思熟虑的、诚实的回答。这位初级研究员说他还想再跟进一个问题,问是否可以。可是还没等主管回答,团队中的一位老同事便插嘴了。"不如说点轻松的,你有什么爱好?"

我们这位老同事在团队中是个和事佬,所以她可能以为自己拯救了主管,这样主管就不用回答那个令人不舒服的问题。可是其效果却令人震惊:房间里响起一片紧张的笑声,主管无奈地说出了一串她喜欢的活动。后来,这位初级研究员跟我倾诉说,那位老同事的做法让他既感到被误解,又感到不受尊重(问领导一些想问的问题有什么错)。后来,主管还感谢这位初级研究员向她提出那么尖锐的问题。

当你发现自己不得不为了他人而对谈话进行重定向时,问

学会倾听
重拾失落的沟通艺术

问自己：我是否掌握了所有必要的信息，还是可能在对当下发生的事情妄下定论？那位老同事不知道的是，这位新员工提的问题已经得到了经理的批准，经理鼓励他向新老板——主管——提出这些问题。

当你产生"拯救"谈话伙伴的本能冲动时，反思这一本能，审问自己：这样做的真实动机是什么，这样做也是很有效的。考虑一下：我之所重定向，真的是因为谈话伙伴感觉不舒服，还是为了缓解我自己的不安？

如果是后者，你就需要尽力忍受自己的不安。当然，如果不安变成了危险，你就可以按自己的意愿，或是对谈话进行重定向，或是退出谈话（我们将在下一章讨论如何能有效地退出谈话）。

还要记住，你可能并不是群体里唯一一个忧虑的人。不一定每次都要"你"来重定向。要相信别人也能这样做，特别是那些在谈话中的核心人物。

练习：操练重定向

考虑下面这些场景。该如何重定向？简述一下。

- 你的队友们正在为一个棘手的问题进行头脑风暴，寻求解决方案，而团队领导却在主导讨论。该怎么说才能确保每个人都发言？
- 一个朋友正在哀叹自己的感情生活，说自己总是

第八章
引导谈话

一次次地上演分手戏码。该怎么说,才能让谈话向前推进?
- 你有了一份新感情,希望能得到父母的祝福,可当你提起这个话题时,他们却在逃避。怎样才能直抵核心?
- 一位同事正从你这里打探消息。怎么说,才能堵住他的嘴?
- 你的室友在争吵,而且开始进行人身攻击了。怎么才能将事情引向更中立的地带?

重要提示

当你看出谈话已经变得无益或不安全时,可以巧妙地使用重定向短语来将谈话引向正确方向。有了这些话语工具,我们就能在谈话伙伴最需要我们时保持积极的状态,继续参与谈话,而不是抽离出来,或是袖手旁观。

第九章

退出谈话

从理论上看,拉里是个完美的受访者。我和团队正在从事一项关于年轻专业人士及其职业抱负方面的研究,他在我们的筛选器上勾选了所有正确答案——这是一组简短的问题,可以帮助我们剔除那些不符合要求的参与者。拉里正是我们有兴趣要了解的那群人中的一个:有宏伟的职业抱负,甚至在之前求职时还用过我们的平台。再者,他来自伊利诺伊州,我们有意将以技术为中心的湾区的观点与更广阔的地区的观点进行平衡。拉里是一个很好的人选。

但从通话一开始,事情就极不顺利。尽管我们已经与访谈参与者三番五次地确认,一定要有强大的无线网,还要保证连接稳定,但我们与拉里的视频通话却一次又一次地中断。我们试着关掉视频通话,但连接还是有问题。

接着,拉里的笔记本电脑又没电了,于是他用手机拨打进来——这后来在通话中也是个问题,因为我们想给他看一个可点击的网站原型,这个用手持设备可能不太好测试。

这些技术上的困难实在太糟糕,但任何一名曾做过远程研究的研究人员都知道,出些小状况是在所难免的。但即使网络连接很顺畅,我们也意识到,依然有个问题。问拉里的问题越

第九章
退出谈话

多,我就越觉得他不是个合适的受访者。

"告诉我访问我们网站一般是什么感觉。"我问拉里。

"我很喜欢在上面发布图片,和我的人际圈分享。"拉里说道。这么说很奇怪,因为目前这个网站还没有发布图片的功能。

"你说的图片是指哪种图片?"我问道。我只是想确认自己没有误解他——访谈对象常常会在接受访谈时用他们自己的词汇,研究人员有义务来了解这些词的意思。

"哦,各种图片!"他热切地说。这个模棱两可的回答让我更想弄清真相了,于是我给了他一些具体选项,让他做选择。

"你是指照片,还是文章、表情包这类完全不一样的东西?"

"哦,是的,都有。照片、文章、表情包。是啊,实在是个奇妙的事情。"他说。可这还是没有任何意义。

我开始谈起前一天晚上发给他的练习作业。这里的"作业"指的是研究人员提前给受访者发的任务。它给研究人员提供了更多数据,也让他们有了一个出发点,可以从这里开始,然后深入某一个话题,同时还能让受访者进入谈话所需要的心理状态。

这一回,我让拉里找一些能表达他对工作的感受的图片。

"好吧。"我说着,转向这个话题。"咱们来谈谈你的作业。何不给我看看你都找了哪些图片。"

"哦，那封邮件？"拉里说。"是的，我没有机会来做。"这个回答可不理想。当然，不可能保证受访者会做作业，就像不能指望孩子会做作业一样，但是你会希望他们能完成。

"没问题。"我说着，继续勇往直前。"咱们现在来谈谈吧。"我一边问一边审查着他的回答，直到最后清楚地发现，拉里，在撒谎。

在做研究时，有时候你会发现，有些受访者很不像话。他们可能会有意在筛选器上撒谎，好能快点往下走；如果误解了你的问题或是回答时心不在焉，他们也可能无意中会给你一些关于自己的错误的信息。要到这次访谈结束我才会知道拉里究竟属于哪种情况，但就目前而言，我知道，必须要结束谈话。我越是追问，就越清楚：拉里根本不知道我们在谈什么。

在职业生涯初期，我可能会想方设法让访谈发挥作用——即使拉里并不完全算是我们的目标用户，我也要看看能为团队取得一些相关的东西。但经验告诉我：这样做不值得：最后得到的数据根本不能用，还会浪费团队的时间以及你自己的和受访者的时间。为什么要在一个不合适的人身上苦苦挣扎？在这些情况下，仅仅对谈话进行重定向是不够的，最好直接退出对话，跑掉。

于是，在和拉里通话六十分钟后，我说道："拉里，感谢你今天抽出时间做访谈。我从你身上已经学到很多，不想再占用你的时间了。"

这意外的转变让拉里很高兴。"哇哦，太棒了！我还能拿

第九章
退出谈话

到报酬吧?"我向他保证,他的支票会在一周内到达,并再一次感谢了他。通话结束后,团队成员都如释重负地叹了口气。我们会再另寻他人。

有时,仅仅重定向还不够,我们需要彻底结束谈话并退出。在实验室中,如果受访者不合适,或是我们已经从他们那里得到了所需要的全部信息,我们就会结束这场访谈。在现实生活中,那些需要结束谈话的情况似乎有些不同:我们可能感觉情绪完全失控,即使休息片刻也无法平静下来;如果谈话变得危险、有危害性,我们可能得赶快跑出来;还有就是,可能只是有些事项与谈话发生冲突,我们要优先处理它们。重定向帮助我们改变谈话方向,但谈话依然在进行,但结束谈话则不同,它意味着完全从谈话中退出。

如果不划清这个界限,我们与他人的关系就会出问题。如果你频繁给我打电话,向我发泄你的伴侣的问题,却从不考虑我的感受,我就会开始怪你把我指定为你们夫妻的关系顾问。如果你感觉被某位"朋友"操纵的次数太多,处于危险之中,你可能就会发现,自己后来会拒绝这位朋友的社交邀请。如果跟某位同事的会面屡次超时,害得你没赶上回家的火车,你可能就会害怕再跟他共事,想知道领导是否能把你调到另一个项目中。如果我们永远学不会从谈话中退出,就会把自己搞得精疲力竭,对彼此的信任也会瓦解,我们会感到受伤害,感到孤独。

我们得从那些危害我们的谈话中抽身出来,进入那些能让我们重振精神的谈话中，否则，我们就可能成为"倾听烈士"——在谈话中完全将注意力集中在对方身上、彻底失去自我的人。

幸运的是，总有一些办法能结束这些谈话，这样它们就不会让我们背上情感负担、产生不安全感，更不会哪怕仅仅是让我们在赴下个约时迟到。关闭谈话这种事应该偶尔为之，否则谈话伙伴会觉得我们在逃避、过于情绪化，甚至会觉得我们不可靠。不过一旦有这个需要，你会很高兴，因为你已经有了上面那些策略，可以随心所欲地使用。与此同时，如果你发现自己总是在同一个人身上一遍又一遍地调动这个技巧，这可能是个信号：你们之间的关系有很大问题，需要来解决。

为了能有效地结束谈话，我们可以掌握一些技巧。下面我们就来看一看。

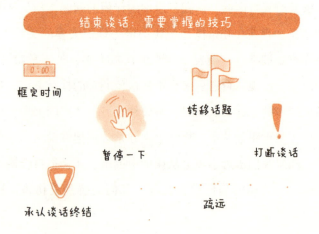

第九章
退出谈话

框定时间

在研究性访谈中，我们与受访者共同度过的时间是高度结构化的，即便他们并没有感觉到。从表面上看，一场好的访谈看上去、听起来都像是一次普通谈话——有高低起伏，而且"碰巧"会在短时间内涵盖很多内容。但在幕后，研究人员事先已经细心制定了访谈指南，就每个想谈的话题该花多长时间做出了规定。我们可能在刚开始时先花几分钟来建立默契，留出一刻钟来更深入了解受访者的需求或动机，然后用大块时间来讲解工作流程、演示一下访问网站通常什么样或者评估某个产品原型，最后再用总结性问题来结束访谈。

在日常生活中，我们也需要像这样对时间做预算，其原因可能看起来有所不同，但成功的技巧是相同的。框定时间意味着给谈话伙伴一定时间，然后再结束谈话。当我们在谈话中无法对谈话伙伴共情时——可能是因疲倦、分心甚至情绪激动，也可能需要划条界限来保护自己、不被对方利用，就可以运用这一技巧。

框定时间尤其适用于这样的情形：谈话伙伴对我们的需求超出了我们所能给予的，但我们可能需要点动力才能与之快乐交谈——比如有些同事，我们必须要客气相待；有些邻居，我们必须要运用智慧使其站在我们这一边；有些朋友的伴侣，我们也想让他们成为我们的朋友。

学会倾听
重拾失落的沟通艺术

通过给谈话框定时间,我们就可以维持这些重要关系,而且不用虚与委蛇,也不用耗尽我们的能量储备。

下面这些方法可以帮你在下次谈话中框定时间:

- **一开始就设定时间限制**。在双方已建立起相互信任的安全关系中,诚实地说明你能承诺什么,这是一个为谈话框定时间的简易方法。让谈话伙伴了解我们的想法可以打消我们的顾虑,让我们无须琢磨之后该怎样推进谈话,还可以让谈话伙伴对如何最好地利用双方在一起的这段时间拥有明确的期望(我只有二十分钟,但这段时间我会洗耳恭听)。

- **选一个有时间限制的谈话地点**。有时候,如果开诚布公地说明框定时间的意图,其效果可能适得其反——如果你们的关系并不亲密,一上来就做出时间限制可能会让你显得有些小家子气,还可能会给谈话伙伴带来很大压力,让他们感觉必须快点说出自己想说的。相反,你可以尝试一种更微妙但同样有效的方法:让谈话在一个本身就有时间限制的地方进行。比如,你可以选择一个合适的谈话地点,来主动控制跟那些喜欢侃侃而谈的同事的谈话时间:不要选在公司食堂,吃午饭时在这里逗留是常态;可以在当地找一家人气比较旺的饭店,吃完就走,不能逗留;不要在公司的公共空间会面,这些地方一般可以长时间使用;可以

第九章
退出谈话

找那些必须提前预订，而且有规定使用时间的会议室。如果提前设计好谈话，就可以在结束时给对方点压力，给谈话内置一个明确的结论（能促使谈话更高效），还不会伤害任何人的感情（看来我们要被赶出会议室了。那下周再接着谈）。

- **设计好一个与谈话发生冲突的事件，方便后面退出。** 假如上面两种策略都不可行，可以自己设计一个时间限制，好能轻松退出谈话。比如，可以提前安排好一个约会，安排好给家里打电话，甚至向对方说明你要赶火车，不能错过时间，这样就可以及时中止谈话。如果这些与谈话冲突的事件是真实的，就很容易在谈话刚开始时将它们提出来，而且在结束谈话时也不太会感觉内疚（很高兴能和你叙旧。我可以跟你一直聊到下午两点，到时我得去赴约）。

- **定闹钟。** 好吧，可能你不需要提醒，就能为谈话框定时间，但如果你让闹铃声响起，谈话伙伴就会接收到这个明显的提示，知道该走了。这对于办公室谈话尤为有用，因为同事们一般都不会打探你为何定闹钟。当闹钟按设定好的时间响起时，你可以简单说一句"我现在得走了"来让自己脱身。除了你自己，任何人都无须知道这个闹钟为何而定。

暂停一下

和很多夫妻一样，在冲突解决方面，我和我丈夫风格迥异：当争论变得激烈时，我倾向于尽快修复关系，而他却喜欢先休息一会儿，然后再来就这次冲突和我认真长谈。他对这种事精力充沛，可我却觉得太消耗精力，吃不消。在对语言、语调和感情分析了一小时后，我已经瘫掉了，而他却刚刚开始。

在二人相处的早期，我还会挣扎着进行下去。一定要修复关系，这对我很重要；如果这是唯一的办法，那就这样做吧。我记得有好几次我们的争吵是通过几小时的谈话解决的：要么在客厅沙发上谈，要么是长途旅行时在车上谈。在某些方面，这些谈话是成功的——毕竟我们的确解决了一些问题。但同时，这种修复方式让我精疲力竭，到最后我常常感觉已经虚脱或完全虚脱了，连对我们已经取得进展、解决了冲突都高兴不起来。

这些年来，我明白了：与其强迫自己将谈话继续下去，不如老老实实地告诉他，我何时需要结束谈话。我们在一起的时间已经很长，我能跟他说："我也想再就这一点继续谈下去，但我想暂停一会儿。我现在已经想不清楚了。"

暂停的请求由两部分组成：明确提出要停下来以及提出请求的背景。你需要清晰地表达退出谈话的需求并解释原因，以免伤害谈话伙伴的感情，这样这个请求才能起作用。当讨论进

第九章
退出谈话

行得特别激烈时、当我们情绪泛滥时、当双方的安全处于危险之中时，暂停就至关重要，它可以让我们和缓地退出来。

提出暂停请求最适合双方已经有了一定的亲密度的谈话，它能加强你们的联系。当我们诚实地对待谈话伙伴时，就在向其表明：我们相信他们会理解我们的想法；我们向他们展示了诚实、暴露了脆弱，希望他们对我们也能以此相待。

可以考虑使用下面这些话语：

- 我不想这么干，可是我觉得我得停下来。我很疲惫，很难集中注意力。
- 这次谈话对我很重要，可是我现在有点问题，无法听你说话。
- 我觉得我需要喘口气——我发现这对我来说太强烈了。
- 我发现谈话开始让我受不了了。我需要暂停一下。

如果可能，还可以给对方一个提示，告诉他们我们何时可以重新回到这个话题上。

- 我想确认我听懂了，我需要一些时间来仔细思考一下。咱们明天再接着谈好不好？
- 我需要一点点时间来确定我完全理解了你的立场。我们一小时后再来谈，可以吗？
- 我觉得我听懂了你的意思，但对于我自己的感受，我现在还不确定。我们下周继续谈这个好吗？

> 学会倾听
> 重拾失落的沟通艺术

转移话题

并不是每段关系都强大到可以坦诚相见。在这样的情况下，要想将自己快速从一场有可能让人疲惫不堪的谈话中解脱出来，一定要秉持少即是多的原则。我们可以转移话题。

我的同事莱斯和我住同一个小区，这我已经知道一段时间了，但我们直到共事一年后才在办公室以外的地方碰到了对方。那是一个星期日的下午，是在我们那里的一家菜店，当时我穿着遛狗的鞋和一身休闲服，他正带着他那出生不久的宝宝，看上去很疲倦，但一副铁了心要在周末把该买的东西都买好的样子。要是他没先朝我挥手，我敢肯定我根本认不出他来。

"嗨！"莱斯热情地喊。他正在休育儿假，所以我猜我可能是他几个月来见到的第一个同事。我们寒暄了几句，聊聊他的情况，还聊了聊宝宝，就在我以为我们要告别的时候，他突然问了一连串关于我们在公司的情况的问题。

我也想表现得礼貌点儿，但我那篮子为星期日买的菜越来越重，透过眼角的余光，我看到收银处已经排起了长队。再说，根据我和莱斯打交道的经历，我知道他有讲同事传言的习惯，我可不想给他提供任何素材。于是当莱斯提议买好菜后到隔壁喝杯咖啡、叙叙旧时，我不得不做个选择：是再给他一些我的时间、精力和精神空间，还是退出谈话、回到家里，那里

第九章
退出谈话

既安全,又能有隐私。

因为我跟他的关系并不亲密,所以并不想跟他直截了当地说,那样会让人不舒服,但我也不想就这么浪费我的星期日。

在这类情况下,转移话题最有用,因为它简单、有礼貌、目的明确。"听起来真不错。"我说。"不过遗憾的是,我得走了。""好啊!"他说。"见到你真高兴!"

转移话题的具体操作是向对方暗示你无法再继续谈话了,因为其他事情与谈话冲突,要优先处理。下面这些话语可以使谈话不得不结束的原因更多落在你身上,而不是对方身上。可以很具体(我得去遛狗了),也可以模糊(我现在得走了),但通常来说,越模糊越好,一定要有礼貌、直奔主题。

下面是一些例子:

- 我现在得走了,不过见到你真高兴。
- 我就不再占用你更多时间了,我得走了。
- 我很想再谈谈,但我真的要迟到了。
- 我相信你一定很忙,所以我现在就放你走。

打断谈话

就在前不久,我在一家繁忙的咖啡馆里安营扎寨,像我通常做的那样,享受在这里的时光:写作、喝水、观察别人。一对年轻情侣在我旁边坐了下来。那天是那位女子的生日,她和男朋友一起制定了一天的活动安排(生日早餐、到农夫市集去为生日晚餐采买、下午去逛博物馆、生日晚宴)。日程安排得很满,他们似乎对即将以这样的方式度过这一天感到很兴奋。

就在两人准备离开时,他们的一个朋友进来了。这位朋友一看就很爱交际,也很友好,拉了把椅子过来,加入了他们。她一出现,短短几秒钟内,那张桌子的能量就改变了。那位女子动作极轻地往椅子里缩了缩,而男子则一下来了精神。那位朋友很活跃、健谈,短短几分钟后,整个咖啡馆里的人都知道了她的名字、职业、情史和周末安排。

显而易见,这对情侣的计划将被打乱。那位男子和他的女性朋友谈得很投机,女子则不时地插上一两句,但大部分时间都在听他俩说话。她试了好几次,想重定向谈话,但都未能成功:不到十五分钟内,她已经三次暗示男朋友该走了(这故事太有趣了!真想多听一会儿,但我们可能得走了)。每一次,她的男朋友要么淡淡地回应(是的,我们很快该走了),要么干脆不理睬她。

显然,这里同时在进行两场不同的谈话——过生日的女子要求走,那位朋友要求沟通——二者直接发生了冲突。

有时候,静静等候谈话中出现机会是不够的。假如我们已经没时间了或没精力了,可谈话伙伴还在拿着麦克风说个不停,我们可能就得挤进来,客气地打断他们。那个过生日的女子虽然大声表达了想走的愿望,但她做得太安静了,那两人正沉浸在谈话中,根本没听到她的请求。她需要打断他们的谈

第九章
退出谈话

话,清晰无误地说:"我不想打断你们,可是我们现在真的该走了。"站起来、把椅子推进去应该也会有帮助。

之前我们曾谈到打断谈话的危害:如扰乱谈话会导致我们错过关键信息,使我们无法进行共情式倾听。但如果我们没有时间,又很匆忙,或是面临危险、需要保护自己,或是有约定好的事情要处理、没法再等了,或是达到了我们个人的谈话极限,打断谈话便是一种自我辩护的形式,一种说"够了"、保护自己的方式——还能防止破坏生日安排。

为了能有效地插话,我们必须要克服自己的不安,如实相告,承认我们在打断谈话。可以考虑使用下面这些话语:

- 很抱歉打断你,但我有个会,得走了。
- 很抱歉不得不在这里停下来,但我真得走了。
- 请原谅我打断了你,但我们现在真得走了。
- 不好意思打断你了,但我现在不想讨论这个。
- 很抱歉,但我不得不打断你,我现在没准备好谈这个。

承认谈话终结

在指导安娜将近六个月后,我达到了极限。我们每月见两次面,谈论她的工作,如果有任何问题,我们也都解决掉。她的目标是转换职业,所以我们谈论了是什么让她对现在这个工作不满意,以及她想怎么办。

可是六个月后,安娜还是没有采取行动。每次见面她都会向我提出新的抱怨，但似乎无法自己着手解决问题。并非没有机会：在她这个领域，有很多同样有吸引力的高薪工作。可是，在斟酌了各种潜在的工作机会后，安娜依然处于一种犹豫不决的状态。也许是恐惧，也许是内疚。有什么东西阻碍了她，而且很显然这个问题不太可能在我们的导师见面会上得到解决。

有时候虽然我们想全力帮助谈话伙伴，但却力所不逮，就像我对安娜那样。尽管我已竭尽全力，但她却停滞不前。她需要内省一下，了解是什么阻碍了她，我不能为她做这个工作。我虽然有一双共情的耳朵，但它们却再也无法为我们服务了。于是当安娜在一次导师见面会上再一次倾吐对工作的不满时，我介入了。

"安娜。"我平静地说。"关于你工作不开心这件事，我们已经谈论很久了。我们把各种可能的行动都想到了，比如在公司内部寻找其他职位，或是寻找公司外面的工作机会。我们也谈论了在工作之外寻找快乐和成就感，把工作仅仅当成一份工作而已。可是，对你来说，情况一点儿都没变。"我停了下来，让安娜慢慢领悟。安娜叹了口气，点点头。

"我知道。我只是还很失落。不知道该干什么。"她说道。"我理解，"我告诉她，因为我自己也曾经历过这些，"可是我担心我们的谈话没用。老实说，我也觉得越来越难谈了。也许我不是谈论这个问题的合适人选。"

当我和安娜谈我的局限性时，她同意了，也理解了。

接下来我们就能谈一谈除了我对她的指导外，还有什么能

第九章
退出谈话

帮她向前推进。我们友好地暂停了指导与被指导的关系,决定等她准备好采取行动再继续。

有时候,一方或双方对谈话的期望会发生偏移。一个年轻的大学毕业生可能想让父母帮助他就工作机会进行谈判,可他们之间的代沟和行业差异可能会导致父母给的建议无关紧要。一个新来的公寓住户可能对大楼的环保特色很有兴趣,想了解更多,可前台对这方面的细节却知之甚少。一对新手父母可能会迫切需要得到关于如何安抚爱哭闹的新生儿的指导,可朋友的小宝宝却很安静、很好带,几乎没什么建议可给。如果你因人生阅历、专业知识或知识基础等方面的不足而无法满足谈话伙伴的需求,承认谈话有不足之处可以让它朝正确方向推进——即便这意味着在没有你的情况下继续推进。

尽管承认不再能对谈话有任何帮助可能会令人痛苦,但这样做却表现出了一种豁达的姿态:当我们看不清时,知道自己的位置是有益的。可能你会感觉在谈话伙伴最需要我们的时候,我们却见死不救,可是当我们的能力已经耗尽时,老老实实地承认这一点可以在我们之外开辟出新的能满足他们需求的路径。以这种方式对谈话进行重定向意味着将责任重新交回谈话伙伴的手中——那里正是它所属的地方。

下面这些话语能帮上你:

- 恐怕我帮不上忙。我在想我们是不是该从别处寻求帮助,以取得进展。

- 就这一点我们已经做了一些很好的工作。要想更上一层楼，我建议去向拥有更多相关经历（专业知识等）的人求助。
- 听起来你还在想……这件事。或许该听听别人的意见（在这个问题上休息一下，等等）。
- 你的问题似乎还未得到解答。咱们找个人来指导（再花些时间来思考、换种方法试试）怎么样？
- 我能看出这个难题还在困扰着你。……是否值得一试？

疏远

我和西尔维娅自大学毕业后就一直是朋友，虽然我们从来没有特别亲密，但这些年来一直断断续续地保持联系。我刚搬到旧金山那会儿，经常和西尔维娅碰面。我在这儿认识的人寥寥无几，她便是其中之一，那时我俩都还单身，我每次去找她玩，她都很愿意。我也为有她这个朋友感到开心。

起初，跟西尔维娅在一起的时光特别快乐。她是可以和我一起喝酒吧的减价饮料的死党，是能拉着一起尝试新饭店的好伙伴，是能一起探索这个城市的好游伴。可是过了几个月后，我意识到，每次和她出去玩，回来后我都感觉不像当初那么美好了。我们聊天时，她大部分时间都在谈自己、谈那些让她头疼的事情：感情、工作、家庭，还有室友。我努力做一个好朋友，认真倾听，给予她支持。可是，和西尔维娅相处的时间越

第九章
退出谈话

长,就越是觉得和她在一起特别累。

每次聊完,我不仅感觉对自己的精力不够,对别人也更缺乏耐心和共情力。

我花了一段时间——比我承认的还要长——才意识到,我其实是西尔维娅的拐杖,甚至比这还糟糕,如果我能真实面对自己的话。尽管我的用意是好的,但可能我对她并没什么帮助。我那么富有同情心地听她倾诉,可就连这,都可能是一种危害。回头看看,我对她的共情可能起了反作用(佛教徒称之为"白痴慈悲",意思是我们给他人的支持让我们自己感觉良好,但对对方可能并没有什么用)。我的善意可能无意中使她停留在消极状态中。她并没有做太多来改变自己的处境。

最终,必须要采取点什么行动。我刻意减少了我们之间的互动。慢慢地,我开始有礼貌地谢绝西尔维娅发出的与我共度时光的邀请,与她的联系也越来越少。现在我们一年也就仅仅见几次面,这个频率足以让我们享受彼此的陪伴,但又不至于因见面太多而陷入负面情绪。

在一些极端的情况下,仅仅结束谈话是不够的,你还需要中止这段关系。如果你注意到自己很害怕跟某个人说话,谈完话后感觉无精打采,对一些通常会令你兴奋的爱好失去了兴趣,或者因为自己跟某个人的互动而对自我价值产生怀疑,就是重新审视这段关系的时候了。疏远——即逐渐减少与谈话伙伴互动的行为——可能是出路。

当我们面对那些我称之为"索取者"的人时,这一技巧尤其有用。"索取者"指的是我们生活中有意或无意地在谈话中从我们身上索取能量、却从不给予我们能量的人。

这种行为通常看起来像是独白（长篇大论地谈自己）、发泄（倾诉自己的感受，通常是抱怨或感到沮丧时）或忏悔（分享一些极其私密有时甚至是不堪回首的经历）。

这些行为本质上都不是坏事。当我们想摆脱孤单的感觉、想再次获得安慰或者想抚平心中的创伤时，都会去寻求他人的陪伴，这很自然。说实话，即便是我们当中那些发誓从未做过索取者的人也可能在某个时候索取过。但在寻求良好感觉的时候，这个群体会过于专注于满足自己的需求，以致听不到或看不见他们的谈话伙伴。他们只关心自己，未能凭直觉意识到，我们也可能需要在谈话中表达自己的感受。

有些人只是偶尔"索取"一下——当他们处于压力之下或因为对其他事情忧心忡忡而导致状态不佳、无法产生共情的时候。

第九章
退出谈话

而有些人——比如和我在一起时的西尔维娅——则是惯犯。他们在谈话中始终索取多于付出，更糟糕的是，当他们意识到每次进行完这样的谈话后自己的心情是多么好，就学会了不断来找那个愿意用心倾听的人（如果我每次和你聊完天后都感觉精神振奋，我肯定想再去找你聊）。除了前文讨论过的那些退出谈话的策略外，如果可能的话，疏远的方法对于管理这个群体也会有特殊功效。

如果有需要，你可以采取以下步骤，来疏远对方：

- **减少互动**。拒绝社交性外出活动或工作聚餐可能看起来很极端，但果真如此吗？当你的幸福濒于险境时，你还这样看吗？你可以降低与谈话伙伴的见面频率，假设我们可以这样做。重新安排跟某位同事的会面，从每周一次改为每月一次，将跟某个朋友每个月去酒吧喝一次减价饮料改为每个季度去一次。
- **制造空间**。注意一下你回复谈话伙伴的速度有多快。是否他们一召唤你就立刻回复？试着暂停一下，然后再回复他们的短信或邮件。如果事情并不紧急，给自己空间，先做个呼吸。
- **对改变方向持开放态度**。知道吗？你的谈话伙伴可能注意到你在制造距离（如果他们没注意到，你可以把这当成一个证据，证明自己的选择是正确的）。如果他们注意到了，并且向你追问（我注意到你最近一直没有空，一切都还好吧），把这当作橄榄枝。接他们的电话，接受他们发出的晚宴邀请，和他们一起喝个咖啡，看看继续将自己从这段关系中抽离出来是否有意义。

引入激发者

在梳理谈话以及各种关系时，切记要取得均衡，留出时间给那些你的确想保留的朋友，尤其要向激发者敞开。索取者向我们要求很多，却无法或不愿给我们以同等回报。激发者与其相反，他们是生活中那些激励、鼓舞我们的人，他们以同等的共情力（有时甚至更多）来倾听我们。当我们遇到个人问题需要解决时，他们是我们的共振板；当我们在工作中需要集思广益时，他们是最完美的合作伙伴。他们给予我们全部关注，用心倾听、提出问题、跟进问题、积极主动地了解我们的近况并给我们空间来表达我们的需求。他们对我们拥有真正的好奇心，这让我们在谈话中感觉神清气爽，精神焕发。

第九章
退出谈话

如果我们幸运，可能会在生活中拥有更多激发者，而不是索取者。但有时候，由于我们觉得太过内疚或为人太过忠诚，不愿意把自己从一段不健康的关系中抽离出来，或者不知该如何去做，导致不知不觉中身边索取者的数量就超过了激发者。因此，一定要找到平衡，确保我们也有人支持，这一点特别重要。花些时间来培养这些重要的关系，如果你和激发者之间的联系开始减弱，要把与这个群体沟通当成头等大事。支持他们，就像他们曾支持你一样。用行动和语言告诉他们：你很珍视他们的陪伴，很在乎他们在谈话中带着一颗共情的心来倾听你。

> **练习：做一次关系审计**
>
> 理想的状态是：各种关系都很平衡，我们将时间和精力均匀地分配给了朋友、同事和家人。但据我所知，每个人的生活中都曾有一段关系需要他们来经营。当我们成为更优秀的倾听者后，这个风险更大了。
>
> 幸运的是，我们可以让天平重新倾斜到我们这一方。为能做到这一点，先回答下面的问题，看看在你的生活中，谁是索取者，谁是激发者。回答过程中，回想一下你和某个人的整个谈话经历。通过在整体上进行观察，我们就能找到一些行为模式。
>
> - 列出生活中那些让你感觉与之打交道时很累而不

是让你神清气爽的朋友、同事和家人,这些人往往让你在谈话后感觉筋疲力尽。然后再列出那些让你的生命之杯盈满、谈完话后让你感觉动力十足、充满活力的人。为什么会这样?

- 想一想生活中那些最能指望得上的人——就在你近旁(比如邻居、室友或办公室伙伴),或者那些即使相隔很远也能与你经常聊天的人(比如不管你一天中什么时候打电话过去都会接听的朋友)——这些关系中有多少能服务于他们的目的呢?在你的生活中那些与你交流最多的人当中,你与谁真正地沟通呢?

- 盘点一下你的清单。在你的生活中,激发性关系与消耗性关系这二者是否恰当地结合?要诚实地告诉自己,情况是怎样发展的。

- 想想你和索取者之间的关系,有哪些原因致使你如此大方地付出(内疚、责任、对扭转局面的无助感)?了解自己这方面的倾向会帮助你在将来更好地管理这些关系。

- 观察一下你拥有的那些激发者,与他们的关系和谈话有什么特点?这些激发者是如何让你感觉自己得到倾听了呢?知道何时对方在倾听自己与知道何时对方未在倾听自己同样重要。

第九章
退出谈话

重要提示

有时我们不得不结束谈话。如果我们无法对谈话进行重定向，或者谈话变得不安全，把我们的能量消耗殆尽或让我们无法进行共情式倾听，那最好的选择便是结束对话。随着倾听技能不断提高，我们可能不得不经常这样做。会有更多人因为你善于倾听而来找你，你也将更频繁地需要划清界限。

第十章
棘手的谈话

亲爱的读者，到这里，关于培养倾听习惯所需要解决的问题，你们已经解决了大部分。你们学会了如何以正确的方式开启谈话，如何在谈话过程中驾驭谈话。你们懂得了如何在谈话中保持对他人的关注，如何解读谈话当时出现的一些非语言线索。你们探索了如何将最想问的问题带入谈话中，如何为他人创造空间，如何确保理解自己所听到的内容。你们还学会了如何温和地引导他人，让他们知道自己该走向哪个方向，甚至学会了如何在需要时结束谈话。不过，尽管我们尽了最大努力来学习，还有一些情况会让共情式倾听困难重重。

倾听的最常见障碍是环境、关系和主题。在本章中，我们将讨论如何在谈话中减少分心、处理难以控制的关系甚至是驾驭最敏感的话题。

环境障碍

我们都经历过下面这些。或许你是那种只要电视屏幕出现在视力范围就会忍不住要看上一眼的人——即便你本来并不想看。或许你在同时兼顾孩子的需要和自己的需要。又或许你无法在一个嘈杂的饭店里跟上谈话伙伴的讲话内容，又或许你受到过手机或其他设备的干扰。

第十章
棘手的谈话

遗憾的是，对我们来说，令我们分心的事情比比皆是，它们会妨碍我们以共情心来倾听的能力：分心的事情越多，我们的耐心、专注度和理解力就越差。不过，好消息是，一旦我们意识到了它们的存在，就可以对它们加以管理。只要集中注意力、专心练习并愿意与周围人分享我们的意图，我们就能克服环境障碍。

下面是一些在谈话中很常见的令人分心的事情以及驾驭它们的方法。

小家伙（孩子，宠物）

所有有孩子和宠物的人都知道，他们（它们）能和我们一起嬉戏，给我们带来乐趣和奇迹，和他们（它们）共度的时光异常快乐。可是，无论你多么喜欢和他们（它们）在一起，如果谈话时有个爱冒险的小家伙或是活泼的宠物在你们跟前，你们便很难进行深入的单独交流。除了可能分神外，我们还会一不小心就很容易陷入一场完全关于这些小家伙的谈话（他长得那么快！……是的，就在前几天，他全靠自己一个人完成了一件了不起的事情……）。

如果你的谈话伙伴正在你所喜爱的小家伙和你们需要进行的成年人的交流中挣扎着取得平衡，你可以做这件事：

- **安排单飞**。如果可能，安排好后援（保姆、祖父母、宠物寄养所等），这样你就可以偶尔单独行动了。要确保谈话伙伴也这样做，这样你们就都不会在谈话中感到内疚或是分心了。在做这样的个人牺牲时,双方平等很有必要。

- **让小家伙们忙起来**。有时候我们没办法把宠物或小孩子丢在家里,或让别人看管,但这并不意味着每次的活动都得围着他们(它们)转。选一个方便在谈话中进行沟通的活动,比如去宠物公园、游乐场和其他一些可以让宠物或孩子自由自在地玩耍、不需大人积极照应的场所。

- **邀请他们进来**。在一群小家伙当中谈话有时可能会让人觉得不便,但这也标志着你们的关系很强大。当我们观察谈话伙伴如何与他们所爱的人打交道时,能看出什么呢?孩子、宠物和其他一些需要我们照料的人会让我们看到谈话伙伴平时可能看不到的一面,比如他们的顽皮、他们的脆弱,甚至是毫不遮掩的沮丧感。这些往往是很私人甚至是很温柔的时刻,所以你要认识到你正在被融入某种非常特别的东西,并去接纳它。

挑一个大家都有事干的地方或大家都能参与的活动

欣赏草坪

研究昆虫

共情式倾听

第十章
棘手的谈话

背景噪声

音乐会、酒吧和嘈杂的饭店在我们不同阶段的社交生活中都曾占一席之地，但如果想要在这些地方进行谈话，就要慎重了，要注意谈话的类型。当我们身处嘈杂的环境中时，我们的听力重心会转移到破译对方说了什么，而不是为何说这些，这样我们的沟通就会停留在表面，难以深入下去。在这种环境下，我们不仅要费力听清对方在说什么，就连情绪也要受到煎熬：反复紧张地去听，会让人感到沮丧。如果一连几分钟都在问"你说什么"，我们就无法进行我们想要的那种亲密的谈话。等谈话伙伴能够大声、清楚地讲话时，我们可能已没什么耐心和精力来给予谈话伙伴他们应得的共情式倾听了。

反过来，鸦雀无声事实上也是一种挑战，特别是当你在公共环境中时，比如在共同办公区域或博物馆。

如果你想在这种环境中表现出脆弱的一面，可能比较有挑战：要是你并不希望房间里每个人听到你或谈话伙伴的个人消息，该怎么办？因为害怕被人偷听到，你可能匆匆忙忙地把要讲的话讲完，因而错过与对方进行深入沟通的机会。其实你可以：

- **对会面地点要精挑细选**。瞄准一个能促进你想要的那种谈话的地点。可以采取"刚刚好"原则——既不太吵，也不过于安静——选一个既不引发沮丧感又不压抑脆弱性的环境。目标是要让自己自信，相信能在倾听时轻松地接收对方的信息并做出回应。
- **考虑到隐私**。并非所有谈话都需要完全隐私的环境，但有些确实如此。如果要在饭店进行关于棘手的感情问题的谈话，或是在开放办公室区域谈工作表现，还需三思而后行。其实可以尝试在公园或其他既保护隐私又同时有背景噪声的地点进行。
- **不要害怕转移地点**。如果你要进行一场棘手的谈话，却不幸选了一个看起来很漂亮但音响声震耳欲聋的饭店或是办公室的某个寂静无声的角落，没必要将就，让自己受罪，另外找个地方，并告诉谈话伙伴你为何建议这样做（为了能更好地听你讲话）。用这种方式做出调整，表明你很在意这次谈话，很细心，愿意付出时间。

设备

专门研究人与技术之间关系的心理学家雪莉·特克尔在她的《重拾对话》一书中指出，在谈话过程中，即使设备仅仅是出现在我们的视野中，也会导致沟通中断。其结果是，我们的谈话停留在表面，我们袒露内心脆弱的意愿变弱，共情能力受到抑制，还会感觉彼此之间的联系没那么紧密了。

无论你是旗帜鲜明地站在反工业化的"卢德派"阵营、怀念从前没有手机的日子，还是高兴地站在旨在让世界日新月

第十章
棘手的谈话

异的技术专家一边,我们都得承认,我们比过去更容易被设备分散注意力。为了培养更强大的共情能力,我们需要尽可能地减少屏幕的出现。下面这些方法可以帮你做到这一点。

- **把设备放在一边**。让手机静音,把笔记本电脑关上,把各种屏幕都放在一边。让它们处于自己的视线之外,以最大限度地减少分心。
- **鼓励他人效仿**。不要把这个当成要求提出来,而是向对方解释为何要采取这个方法,这表明你把谈话伙伴放在第一位,并劝说他们也这样做。你甚至可以设置一个指定区域来放置设备,比如放手机的罐子或盒子,让大家都把手机放在里面,这样就不会干扰谈话。
- **打造意志力**。在谈话中,当你讲话时,要抑制去谷歌网站搜索信息或是"只是快速发个邮件"的冲动。(你真的需要现在就知道那部电影是哪年上映的吗?就不能等会儿再发邮件吗?)记住,每次给谈话造成的中断都是一个缺口,必须靠沟通来弥合。

关系障碍

控制环境是一回事,控制关系则完全是另外一回事,这可是个猛兽。有些障碍更多来自于我们与谈话伙伴的关系,而不是我们与他们的实际交谈。某些关系将我们和谈话伙伴置于特定的角色中,这就决定了我们看待和倾听对方的方式。这些角色可能由权力动态、对谈话伙伴的了解程度、与对方的竞争程度甚至是文化差异决定。一旦这些角色就位，就很难突破它们。不过放心，这些障碍虽然很常见，但都是可以克服的。

等级关系

在职业生涯早期，我曾听说过，一位经理认为某些挑战适合于一个人职业生涯中的某些阶段，也就是说，如果你是一名高级员工，就不该问一些"初级"问题。当然，人们应该随着经验的增加而成长，这似乎是公平的，但这一标准似乎也是主观的。除了他，还有谁能知道"初级"是什么意思呢？

一位我敬佩的高级研究员向我讲述了这样一件事：他曾向某位经理提过一个问题，却遭到这位经理的否定。我听了很惊讶。

这是一位终身研究员，也是其团队的导师，深受队员尊敬。他已经与各方建立了牢固的关系，工作也是高水准的，而他却被告知提的问题还不够成熟。[我只能想象如果是我的话会怎样：如果我——一个渴望进入职业生涯中期的初级研究人员——问了一些连初级研究人员都不应该问的问题，会怎样？如果我的问题事实上是（倒吸一口冷气）实习生级别的，会怎样？]

这一事件的结果是：这位研究人员把大部分问题都留给了同行，因为他知道，他们不会对他进行评判。当他需要帮助

第十章
棘手的谈话

时，向他的经理——那个掌握着晋升、奖金和其他机会的人——提问太冒险了，一个"初级"问题就能让他失去所有。

这种策略使他免于尴尬，但这也意味着那位经理从未真正了解过他。当这位研究人员最终辞职去了另一家公司时，我听说他对自己的决定毫无顾虑，对此我并不感到惊讶；他没有足够的安全感去问那些他知道会帮助他成长的问题，所以只能选择离开。当时我就知道，这段关系其实已经失败了——也许如果他们建立了一种更诚实的关系，离开就会更难接受了。

这类等级关系的一个关键特征是权力的不平衡。在这些关系中，一个人是权威人物，而另一个却不是。当竞争环境不平衡时，就很难做到诚实，每一方都可能会处于攻势。诚实可以被用来对付那些几乎没什么权力的人，所以他们可能会忍气吞声，或者把他们的意图投射到这段关系中的权威人物身上（这就是为什么我们经常听到领导者必须"赢得"其下属的信任）。

即使是那些有足够权力的人也有理由隐瞒、害怕实话实说，因为这样做会降低他们的影响力和权威（这就是为什么一些领导人、名人甚至父母都不愿承认他们的错误或做出诚恳的道歉）。

为了驾驭等级关系，我们可以：

- **均衡竞争环境**。如果你是一个"更有权力"的角色，你应努力为他人创造一个安全的空间，让他们在分享时不必害怕受到评判或误解。我们可以通过在自己身上塑造这种行为来做到这一点：当我们表现出愿意实话实说的态度时，谈话伙伴就更有可能做出同样的回应。我们也可以主动希望别人对我们诚实，并在他们脆弱地分享自己的反馈时感谢他们。

如果你是一个"不太占优势"的角色，不要把谈话伙伴当作副总裁、老板、老师、经理等，而是当成一个同胞。这并不意味着对他们的尊重会有任何减少，而是意味着要改变与他们的关系。当我们重新定义我们与谈话伙伴的关系，如果较少地考虑地位，而更多地考虑把他人当成个体来看，我们可能就不那么惧怕对方，因此也更容易敞开自己。

- **问问自己害怕什么**。当我们不信任他人时，就会通过不信任的视角来听他们说的一切。问问你自己：是什么在驱使我不信任对方？我可能对什么感到紧张或不舒服？比如，是否每个有政治头脑和野心的同事都让你感到不舒服，还是只有这个人？

你是否特别不信任这个医生，还是不信任所有的医生？说出恐惧是有用的，因为现在我们要来对付它了。

退步的关系

有没有注意到你在家里从未表现出最好的一面？不管愿不

第十章
棘手的谈话

愿意,我们常常把最好的一面和最坏的一面都暴露给家人看。他们深谙我们对朋友和同事隐瞒的一面以及我们个性中可能没那么让我们骄傲的部分。无论我们多大年纪,当我们和家人在一起时,那些我们自认为已经摆脱的坏习惯和恶劣的旧态度会像第二天性一样回到我们身边。

这种恶习的回归可以归因于心理学家所说的"家庭系统理论",即每个家庭成员在保持家庭平衡中都发挥某种作用。每个家庭的"平衡"看起来都不一样,但正是它促使某个兄弟姐妹扮演开玩笑的角色,而另一个则扮演安抚者的角色,还有一个则扮演永远闷闷不乐的青少年。我们可能已经努力在家庭以外摆脱了这些角色,但一回到我们的家庭"系统",我们往往也就立刻回到这些角色中,从而保持家庭的"平衡"。

游戏,游戏,打发你心里住的那个五岁小孩儿去玩游戏

我们不仅自己倒退到年轻时,而且还希望我们周围的人也能这样做。

我们可能会听出一些东西,或是透过记忆的滤镜(他总是在这个问题上让我难受),或是根据经验进行预判(他会在这个问题上让我伤心,我知道的)。于是突然间,需求听起来像是要求,笑话像是批评,请求像是评判,观察像是攻击。我们对他人的看法变了味儿,这让我们很难听清他们的话。

退步并不仅仅局限于家庭，我们的很多关系都有类似的"平衡"存在。想想你的工作团队或一群亲密的朋友。你可能能识别出这个群体内部的一些"类型"：好人、懒人、创意人、天才，等等。就像家庭一样，角色是相对于群体而言的：一旦一个位置被填满，就再没有空间给另一个。

我们甚至会不自觉地寻找能够强化我们以前所扮演的角色和采用的家庭模式的群体。

在退步的关系中，共情式倾听必须清除多个障碍。当我们期望谈话伙伴在团体中扮演某个特定的角色或以某种方式出现时，就更难真正听到他们的声音。当我们被逼着在团体中扮演某个特定的角色时，我们的情况也不会好多少。如果我们的行为方式是我们从小就没有经历过的，并期望别人也这样做，我们往往会碰到痛苦的、根深蒂固的恐惧，这使我们更难用一颗共情的心去倾听。

第十章
棘手的谈话

下一次当家庭成员、队友或朋友在谈话中不经意地把你最坏的一面引出来时,可以尝试这些策略:

- **选择你的战场**。对于该何时让自己流露情绪,要谨慎待之。有时,最好能道歉,并承认在致使谈话升级这件事上你也负有责任,这样你就可以迅速调整,重新回到倾听状态。
- **按暂停键**。休息一下,去散个步。启动我们的情绪开关是我们最亲近的人最擅长的一种本领。承认发生了什么,让自己做一次健康的呼吸——如果你是那个启动情绪开关的人,尤其要这样做。
- **想一想他们的优良品质**。盛怒之时,试着回想关于对方的美好回忆,让自己平静下来。想想对方小时候的事情有时也有用——我们很容易冲大人发火,对孩子却通常很难。
- **检查你的过滤器**。试着客观地了解一下:自己的反应是否是当天的压力、情绪、家庭角色或其他关系动态作用的结果。是什么让你反应过大?你可能是透过什么过滤器在听?承认自己的感受并了解它来自哪里,这对于恢复平静很有帮助。

竞争性关系

每个办公室都有这样的同事:你和他都承担相同的任务,

学会倾听
重拾失落的沟通艺术

你尽职尽责地完成了，却没人感谢你（发生了什么），他反而大出风头。或者当你碰到那个邻居时，你发现自己在吹嘘自己的孩子（我女儿正在学医，在耶鲁大学）。你是否曾对某人的风格、看法或成就进行过有失理性的评头论足（她还以为今天自己打扮得挺漂亮是吧）？无论我们是否意识到，这些迹象都表明：我们正处于一种竞争性关系当中。

当我们用别人的成就来衡量自己的成就，并渴望达到、超越他们的成就时，就会出现竞争性关系。有时，这种竞争很明显：我们想超过同事、得到晋升，想得到更好的成绩，或赢得重要的客户。有时候则很隐蔽：我们希望被人喜欢，就像某个受欢迎的朋友那样。我们希望在工作中得到奖励和肯定，这样别人就能看到我们的工作有多么出色。我们想让自己的个人风格脱颖而出，我们会发现自己在不断地、不知不觉地玩着那个"谁穿着更好看"的游戏。我们希望自己在工作、爱情、育儿和其他方面都能像自己的榜样那样，做到尽善尽美。

竞争性关系并非源于理性，而是源于不安全感。比如，就连女人如何分娩这件事——这更多的是靠运气和遗传，而非技能或技巧——也会让一些妈妈们一争高下。有些人比试胜利（这里没有硬膜外麻醉！只用了六个小时来分娩），有些人则比试痛苦（二十个小时？太可怕了，不过没什么了不起，我分娩时持续了三十二个小时。三十二个小时？太厉害了，我是六十个小时）。在这些情况中，很难说谁会赢，但这些对话仍然竞争味十足，很奇怪。

第十章
棘手的谈话

尽管我们无法控制身体的疼痛阈值或脱水率,无法决定孩子的睡眠有多"好",我们的新陈代谢速度有多快,身体有多强壮,但我们仍然会对这些怀有嫉妒、缺乏信心,还会产生不安全感。当有人在这些方面表现得比我们"好"时,我们就会不由自主地去注意,并和自己比较。

为能在竞争性关系中进行共情式倾听,我们必须要:

- **审视自己的感受**。是真不喜欢、鄙视对方,还是潜意识中的不安全感在作祟?是真的讨厌这个人在谈话时的那种仪态,还是潜意识中欣赏这种才能并希望自己也能拥有?揭开竞争情绪背后的原因可以帮助我们看清它们的真面目,进而更好地管理它们。
- **不去评头论足**。当你感到有竞争意识时,很容易对别人评头论足,但这样做最终毫无益处。如果忍不住要对别人进行评判,请控制住自己。承认自己的感受,说出它们真实的样子,然后继续前进(好吧,自以为是，够了)。

- **提醒自己人性的共同点**。在竞争性关系中，我们很容易将对方妖魔化，其结果便是，我们对他们所说的东西完全忽视或置之不理。其实竞争对手和我们一样，都是人，都有缺点、不安全感和情感缺陷，但意识到这一点要难得多。这种认识可以让我们在倾听时更容易产生共情。

跨文化关系

与大多数土生土长的纽约人交谈一次，你就会很快了解到他们并不觉得插话有什么问题。

事实上，这种谈话风格往往是一种参与的标志，它表明他们对你说的东西感兴趣，并且很兴奋地参与。在美国其他地区，这种行为可能被认为是，嗯，粗鲁。你的修养可能会让你更愿意等到谈话暂停时再插话——没问题，对吧？但纽约人可能会误解沉默，把它当成不感兴趣的标志（作为一个嫁给了美国中西部人的纽约人，我可以亲身证明这种混乱状况）。

德博拉·坦南是一位语言学家，她曾对日常对话进行了广泛的研究。她发现，人们参与谈话的"节奏"本身可能是由文化驱动的，会有地区差异，就像我和我丈夫一样，而且，就连如何发出信号表示我们在听这样简单的习惯在不同的性别之间都会有所不同。比如，在谈话中，女性喜欢用"嗯哼"来表示确认，但男性则更可能将其解释为同意。这些微妙的差异

第十章
棘手的谈话

可能会产生巨大的影响：朋友以为你在支持他，但你其实只是确认你在听，朋友就可能感觉受到轻视；一次意味深长的停顿可能会让你猜想，老板在接下来这个晋升周期中是否会为你出力，甚至连一个简单的误解都会迅速升级为一场争吵。

拥有与我们迥然不同的朋友、家人和同事是使生活和与人交往如此有趣的部分原因。但是，尽管与那些具有各式各样的背景和生活经历的人在一起可以使我们更加充实，但我们也不得不承认这样一个事实：当我们与谈话伙伴的谈话风格和参考点大相径庭时，我们可能不得不加倍努力，才能进行共情式倾听。

为能与任何人交谈时都保持强大的倾听能力，我们需要记住下面这几个策略：

- **注意文化差异**。不是每个纽约人都会打断别人说话，也不是所有男人都把"嗯哼"理解为同意。但修养方面的差异会影响我们在谈话中扮演的角色。要提醒自己，不能假设和谈话伙伴说的是同一种语言（即便从字面上看，你们说的是同一种)。

- **探索对方独特性背后的原因**。遇到谈话风格上的差异时，不要消极地看待它，不把它当回事，而要承认它，并对其进行探索。根据谈话伙伴的发信号习惯和说话腔调，你能了解到什么？带着好奇心接近谈话，我们就能够进行共情式倾听。
- **要求澄清**。当你注意到谈话风格上的差异时，可能会对它们的含义形成自己的理论（哦，当他说"嗯哼"时，是在礼貌地回应，而不是表达同意）。记住，永远可以通过直接询问谈话伙伴来确认你的假设。

话题障碍

我们都同意，某些话题几乎是普遍良性的，比如谈论天气。但也有一些我称之为"高摩擦度"的话题：这些话题会让我们激动不已，并与我们的情感、激情、价值观和信仰发生冲突，比如政治、育儿理念，甚至体育。无论是关于个人、文化，还是社会，这些话题往往会唤起强烈的感受，使我们更难在倾听时产生共情。

我们可以尝试不谈这些话题，但并不总能做到这一点。一旦被忽视或回避，它们就会越来越多地出现在很多日常对话的最前沿。我也不推荐这种做法——根据我的经验，回避反倒有可能会增加风险。尽管有让自己或他人禁言的风险，但只要稍

第十章
棘手的谈话

加注意,我们就可以成功地驾驭这些话题。

禁忌话题

丽塔经历了很多。在新冠肺炎疫情暴发前,她是一名自由职业摄影师,事业很成功,以在会议、婚礼、节日和各种大大小小的活动上拍摄录像而闻名。在明尼苏达州实施禁足令后,她的收入来源迅速枯竭。人们不再雇佣摄影师来为婚礼录像,很多活动也都被无限期搁置。为进行研究性访谈,我需要了解丽塔是如何适应这种新情况的,但在访谈时,我必须得小心翼翼地,还要对她表示支持。

为了驾驭这个不快的、极其个人化的话题,我告诉丽塔,今天的访谈可能会很难,我们可以在任何时候停止。

我说,我的目标是了解她的经历——包括高峰和低谷在内——这意味着我可能会问一些让她不舒服的问题。她要明白,这些问题带有良好的用意,并不是为了要在哪个方面刺激她。这一点很重要。"好的。"丽塔点点头,说道。"我会尽我所能。"

我用了自己最喜欢的一个研究工具,我希望它能使丽塔更轻松、更放心地讲述自己的故事:情感地图。情感地图是一种通过让参与者谈论一连串的事件来帮助其表达情绪的工具。参与者在一张纸上绘制出某个过程、工作流程或旅程的各个步骤(在你申请失业后,发生了什么),同时表达他们的情绪(申请失业的感觉如何)。情感地图是进行复杂的,以及——正如

学会倾听
重拾失落的沟通艺术

其名称所暗示的——与情感有关的系列事件谈话的理想选择。把我们的经历画出来让我们更容易谈论它。

丽塔画出了她的旅程,从蓬勃发展的自由职业者到第一次取消视频拍摄,再到申请失业和全职照顾孩子。她在 X 轴上画出这些转折点,在 Y 轴上画出一系列的情感历程。她在画这些时,我温柔地鼓励她讲出她的想法,于是故事开始涌现出来。

"事业就是我的全部。"她说。"可我却再也做不了了。我身体里有个声音在说:'你完了。结束了。'"

听她这样讲时,我抑制住了要告诉她一切都没事的冲动,因为我不知道也无法知道是否会这样。我的大脑里有一部分已经开始编造可能的解决方案,但我让这部分安静下来,提醒自己放慢速度,让给丽塔空间,让她说出愿意说的东西,还要准备出充足的时间,等待她开始,而不是扑上去要更多信息,或是提出可能的解决方案。

等我转向更尖锐的问题,问她在财务缩水后如何应对时,我们之间的融洽关系已经得到了巩固。

有些话题——如失业——比其他话题更难谈论,因为它们违背了我们的社会和文化规范。禁忌话题是那些我们通常要回避的话题,因为我们被教导——无论明确还是隐蔽地——不要讨论它们。被认为是禁忌的东西可以随着时间的推移而演变(还记得吗?有一段时间网恋、求职面试时露出明显的文身都被视作粗鲁),但这种转变是由集体——我们的家庭、学校和

第十章
棘手的谈话

公司甚至流行文化——而非个人决定的。正是出于这个原因，在与同事谈论薪水、与老板讨论政治观点或与他人分享自己在偏见方面的经历时，即便你认为自己是一本"敞开的书"，仍然会感到不舒服。但这些话题之所以成为禁忌，正是因为我们谈论得少，而不是因为它们不好。接下来我们将学习如何驾驭这些话题。

从热身开始

假如我明天一觉醒来决定去跑马拉松，而之前我连一英里都没跑过，我肯定会受伤。同样，由于我们对禁忌话题几乎绝口不提，如果在谈话中突然提起它们，可能会觉得刺耳。我们首先要给声音做个热身。

正是出于这个原因，在进行针对用户的研究性访谈时，我们都会在每次采访前设置一个"热身"环节。刚开始我们会进行几分钟的闲聊，提一些容易回答的问题，让受访者（和我们自己）放松下来。这给受访者一个机会，让他们能习惯于身处实验室中，并克服这样的想法：可能有一群人在看似简简单单的一面镜子后面观察着他们。

在现实生活中，我们的优势是没有录音机、照相机、单向镜或记者的记事本来妨碍我们，让我们更难沟通。但是，当情绪参与进来时，沟通也会变得同样困难。

你可以用下面这几个简单的步骤来帮谈话伙伴热身，然后来讨论一个禁忌话题：

- **提前告诉他们你想谈论的内容**。这让每个人都有机会提前做好心理准备,并确保不会有人觉得被禁忌话题吓到。你也会很感激自己得到同样的礼遇。
- **澄清你的意图**。防止对话被自动关闭的最好方法是澄清提出这些棘手问题的理由。如果某个话题是禁区,你可以解释为什么要提出这个话题,并向对方保证你无意冒犯他们,也不想逼得太紧,从而让其他人参与进来。只需事先说明意图,就可以减少一些对禁忌话题的恐惧。在我与丽塔的谈话中,我让她知道谈话可能会让她不舒服,但我的目的并不是要刺激她。
- **从小处开始,慢慢导入**。开始谈话时,可以先从一些中立的话题开始,让每个人都放松下来。一般来说,你们至少会在一件事上明确达成共识,然后,才会产生分歧(给直接下属提出批评意见的经理可以承认说:"我当年在你这个职位时也处理不好这个问题")。这样你们就能有信心解决更大的困难。

鼓起勇气

尤里·伯林纳是美国国家公共广播电台的一名高级商业编辑,通常从事幕后工作,但有一次他报道了一个关于自己父亲的极其隐秘的故事,这让他发生了非同寻常的改变。他父亲小时候在反犹太大屠杀期间跟父母分离,父母最终死在了一个集中营里。关于家事,尤里大致知道一些零碎片段,但对很多事

第十章
棘手的谈话

情父亲都讳莫如深。尤里知道,为了制作这个节目,他不仅要挖掘父亲的过去,还要挖掘他自己与父亲之间的关系。

仅仅是考虑要与谈话伙伴探讨这样一个敏感话题,就足以让我们中的许多人停下脚步。如果我们逼得太紧怎么办?如果我们打开了闸门却无法再关上怎么办?如果父母开始防备起来或不愿意与我们交谈怎么办?这些都是尤里必须要冒的风险。

在广播节目中,尤里告诉听众:做这样一次棘手的谈话,也是有好处的。当他第一次向父亲询问他的过去时,他惊讶地发现,其实,父亲有更多东西渴望跟他分享。

"他感谢我问他那些问题,即使它们令他痛苦。"尤里说。他父亲十分配合,到最后,这场艰难的谈话竟然巩固了这对父子的关系,令他们更亲密。"从某种意义上说,这是一种解脱,很好。应该说出来。这算是个不错的故事。"尤里的父亲说。谈论禁忌话题需要一定程度的勇气,还要有放下恐惧的决心。

万事开头难。我们可能预料到对方会回避禁忌话题,但有时他们比我们想象中更愿意配合。与其把这些谈话当成负担,不如将其视作谈话伙伴一直在等待的一个机会。所以,鼓起勇气,开始吧。

为做到这一点,你可以:

- **做规划**。事先仔细考虑如何开展谈话。把想谈论的话题以及准备如何谈都列出来。研究人员会使用情感地图之类的工具，但即使想象一下谈话会如何进行都有可能帮你取得巨大收获。把各种可能的反应都描绘出来，为各种结果做准备，包括如何能知道何时该结束谈话。想一想：如果事情向不利的方向发展，或者反过来，超出你的预期，该做何反应。

- **预想到可能会不舒服，并接受**。在谈话的某一时刻，你很有可能会感觉不舒服——这太正常了！注意一下自己何时开始不舒服，尽量接纳这种感觉，而不是逃跑。你可能会感觉有一种强烈的冲动，想去缓解这种不适，就像我和丽塔在一起时那样。要知道，越是逐步开始谈论这些话题，就越能揭下这些禁忌的面纱。
- **上吧**。一旦你已经对谈话伙伴做好了热身，可以轻松开启谈话，时候就到了。在某一时刻，唯一要做的便是一头扎进去。

目标是理解，不是附和

上个初选季，我的一个朋友辞去了工作，为她所热衷的候选人做志愿者。她全身心地投入筹款、打电话、发邮件的工作中，当然还有在社交媒体上发帖，宣传自己为什么会对所选择的这位候选人有如此强烈的感受。"我通常不搞政治，"她总是以这样的话开头，"但这对我来说真的意义重大。"

她认识的人中有些也很热情，也支持同一个候选人，或者，即便不支持，至少也属于同一政治派系。但也有些人则没

第十章
棘手的谈话

这么快就加入,甚至根本不加入。

特别是她的某位朋友,跟他的谈话简直成了硝烟弥漫的战场。"真不敢相信你居然接受这种观点。"他会这样说。"好吧,你真的认为……"我的朋友便会反驳。

这种模式持续了大半个夏天,直到我的朋友开始彻底改变开展谈话的方法。她不再大张旗鼓地为那位候选人进行激烈辩护,而是开始放慢速度,听朋友把话讲完。"我很欣赏你的观点。我想了解更多相反方面的情况。"她邀请他多谈谈。当他觉得更安全、愿意分享自己的观点、不再担心受到抨击时,他们的谈话明显变得温和多了。他们是否成了最好的朋友?不,没有。他们对政治和政策是否持一致的观点?不,也没有。但他们不再是敌人。相反,他们明白了,他俩的共同点其实比他们以为的要多(我欣赏你的好胜心和勇于发言的精神。我也有这种感觉)。

他们可能依然不能就谁是最适合的候选人达成一致,但至少能够理解对方的观点(尽管我不同意……我这么想可能错了……)。这一改变看似微不足道,但扭转了他们之间的谈话的性质,以致一年后,在"超级星期二"这天,她这位曾经的对手甚至专门跑去祝她好运!我朋友的方法之所以有效,是因为她开始倾听,而不是为自己辩护。

如果你的信仰与别人对立,便很难放松地坚持这些信仰,但现在的各种情况越来越多地要求我们这样做。在家庭、课堂、工作单位,以及全世界,我们都能看到这种分歧。它们会破坏我们的各种能力：协作能力、发展能力、愉快地与家人共进晚餐的能力——以及进行共情式倾听的能力。

下一次如果你再碰上棘手的谈话，感觉双方的价值观有发生冲突的危险，可以尝试下面的做法：

- **肯定、肯定、肯定。** 让谈话伙伴知道你在倾听，对他们要说的内容表现出兴趣，即使你并不同意他们的观点。用一种你觉得真实的方式鼓励他们多说一些，无论是非语言方式（保持眼神接触或点头）、语言方式（好的，继续），还是兼而有之。如果你有当对方与自己意见不一致时便重重地叹气、转动眼珠或缄口不言的习惯，而且对方知道你这些习惯，一定要尽最大努力压制它们。可以支持谈话伙伴，肯定他们的存在，即使你的意见与之相左。

- **解释，而不是去说服。** 轮到你发表观点时，一定要谦虚，不要有任何动机——你的目标不是去说服别人你是对的。尽量不要在具体问题上纠缠不休，因为别人理解不了，要分享是什么让你形成自己的观点。比如，你之所以支持可持续发展，是否因为你在农村长大、对与父母一起在大自然中生活有美好的回忆？谈谈这个问题，而不是潜心研究《巴黎气候协定》中的细枝末节。

- **记住，那并非针对你。** 政治之类的话题之所以会产生

第十章
棘手的谈话

分歧，部分原因在于它们与我们的信仰体系发生碰撞。有时，当我们遇到反对意见时，会觉得它是对我们整个人的否定。在谈话之前、期间和之后都要提醒自己，与你相对立的观点并不是对你这个人的否定。你的谈话伙伴凭借一生的经验来形成他们的信仰——无论这是好还是坏，你的反对意见只是他们整个世界观中的一滴水而已。如果有人不同意你的观点，把他们的反应放到具体的背景中去看，不要觉得他们的反应意味着对你有看法。

尊重自己的边界

如果谈话变得激烈，深呼吸并数到五。给自己一点时间，让神经系统平静下来，然后再继续。如果暂停后谈话仍然过于激烈，这就是个关键信息，它告诉你：这个话题对你来说是个敏感话题，该停止了。暂停下来、等自己平静下来后再回到谈话中去要胜过强行继续下去并最终爆发冲突。

关于谈话何时过了界、你不想再谈下去了，你也是最佳判断者。尊重这种本能，只承担你能处理的事情。当谈话朝糟糕的方向发展时，记得用上我们在第二章中学到的那些退出策略。

热点

我正坐在家附近的一家咖啡屋里写这本书，这时一对年轻情侣在我身边的那张桌子旁坐了下来，开始讨论他们的婚礼方案。我尽量不让自己受他们的干扰，但那个准新娘说的一些话引起了我的注意。

"我感觉你并没听我的意见。"她告诉未婚夫。"我们一直在寻找场地，可是我感觉在决策制定过程中已经听不见我的声音了。之前我曾提到想在我父母所在的地方结婚，可到现在我们还在找场地，真是太让人沮丧了。"接着，她语气一转，并没有给伴侣一个回应的机会，而是对他发出了警告："你管着点自己的嘴，不要想什么就说什么，不然会弄得更糟糕。"

哎呀！虽然她一开始还算平心静气，但此时谈话的基调立刻就变了。空气中弥漫着一股危险的气息，两人开始紧张起来。之前她的未婚夫似乎准备好支持她并解决问题，但现在他的身体语言、面部表情和语气都表明他处于防备状态。他的反应呢？一句冷冷的"我不喜欢这些规则"，然后谈话很快就结束了。

热点是一些敏感的话题，它们触及一些令我们感到痛苦的记忆、信念和经历。与禁忌话题不同的是，它们不一定是关于某种在社会或文化上被视为"不恰当"的东西，例如谈论性或工资。

相反，它们对我们每个人都是独一无二的，与我们的个人经历、个体体验和不安全感有关。对于与父母关系复杂的人来说，母亲节可能是一个热点，而对于在成长过程中经常搬家的人来说，开学第一天可能是一个热点。这就是为什么热点往往看起来更无足轻重，至少在未经训练的人眼里是这样（这只

第十章
棘手的谈话

是一个婚礼场地,对吗),而其实并非如此。

当然,热点与禁忌话题也有重合,前者在社会层面被确立为"禁区",而后者则是每个人的个人危险区。我们自己的身份和经历会使这些本已很复杂的话题变得更加棘手。例如,讨论性别歧视可能让参与谈话的每个人都很尴尬,对某个亲身经历过的人来说,尤其如此。这就对共情式倾听提出更高要求。

格外棘手的话题

碰上热点时,我们会立刻变得情绪激动,反应强烈,而且很难平复。在这种情况下,意见上的分歧听起来像是对个人的指责,反对的观点会让人觉得是对我们核心价值观的侮辱。当我们处于高度警觉状态时,就连一句赞美也会听起来令我们受伤(你现在对这个的感受如此激烈……不,不,我是指好的方面)。如此一来,这些反应就可能会抑制我们进行共情式倾听。

当然,外人总是很容易看出发生了什么。在这里,这位准新娘想让未婚夫听听自己的意见,但却在这个过程中将其推开。他想修复这个局面,但却因身处防御性位置而无法做到这一点。他们试图说服对方,但情绪却太激动,听不到对方真正在说什么。

最终,热点自己暴露了出来。对这对情侣来说,寻找场地这件事让他们很沮丧,但问题并不仅仅在于此。问题在于,准新娘觉得,在自己童年时代的家里举办婚礼特别有意义,因为这里象征着她的过去与未来,而且她在这里有许多美好的回忆。虽然她的伴侣的本意是想在寻找场地这件事上帮上忙,但在她听来,他关于场地的各种想法像是在排斥——排斥她的想法,进而排斥她和她的家人。

热点对每个人来说都很独特,因此要预测(和防止)它们在其他人身上出现,实在是太难。但我们还是要设法努力管理我们自己的热点以及它们在谈话中出现的方式。针对这一点,这里有一些建议:

- **注意自己的个人热点**。了解自己对哪些话题敏感——无论是某个具体的回忆还是潜在的不安全感——都会让你在精神上和情绪上做好准备,不是为了战斗,而是为了能在情绪上及时进行调整。当我们能自己应对时,就能更好地管理我们的反应。
- **冥想**。让自己笃定下来,而不是被情绪控制住。想象某个令你平静的画面或重复某句话语。比如,可以试着说"我的思想是一块木头"或任何其他能帮助你在特别紧张的时刻放松下来的话,必要时进行重复。如果谈话令你不安,深呼吸,让自己重回谈话中心。
- **准备一个退出策略**。如果所有其他方法都不管用,你完全可以放弃谈话,以免它变得不堪。回想一下我们在结束谈话那一章中所学到的内容,当达到你的阈值时,一定要要求暂停。等你重新处于一种更平静的状态——因此也更有共情心,再计划重新回到这个话题。如果他人的热点已经出现,并且变得不可掌控,这也会有帮助。

自我反思:识别你的热点

什么会激怒你?什么让你感觉良好?回想过去那些曾令你崩溃的谈话,回想这样一些时刻:你说了什么东西,后来又后悔了;你开始情绪化;你被惹恼了或是莫名其妙地感到不安;你为自己的回应感到羞耻甚至是替别人觉得自己羞耻。这些谈话是跟谁进行的?谈的是什么?如果再稍稍深入挖掘一下,这些谈话到底是关于什么的?在反思时,考虑一下什么情况通常会让你感到有压力,哪些话题会让你产生竞争意识,和谁谈话会让你产生防备心理?这样做可能对你有帮助。不安全感、恐惧以及那些当我们的(或谈话伙伴的)行动和行为与我们的价值观发生冲突的时刻也会对我们有启发。

下面是一些潜在的热点,你可以考虑一下。记下那些过去曾激活你或将来有可能激活你的热点。还可以大胆拓展一下，增加更多例子。

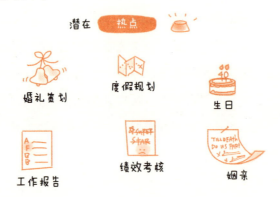

从错误中学习

无论是禁忌话题还是普通话题，无论是在熟悉的人还是刚认识的人身边，无论是在分散注意力的环境中还是在平静的环境中，当涉及共情式倾听时，最大障碍都是自己。作家、治疗师和倾听专家洛莉·戈特利布在她的回忆录《也许你该找个人聊聊》中对我们的经验如何渗入我们的日常互动做出了解释。

"我们治疗师在与患者坐在一起时，所做的一切、所说的一切或所感受到的一切都以我们的经历为媒介；我所经历的一切都会影响我在某个时间、某次治疗中的表现。我刚刚收到的短信、与朋友的谈话、我在试图解决账单上的错误时与客服人员的互动、天气、我睡了多少觉、我在今天第一次治疗前梦到

第十章
棘手的谈话

了什么、患者的故事所激发的记忆——这些都会影响我与患者在一起时的行为。"

每个人来世上走一遭,都会留下自己的个人历史和经历。我们之所以为人、之所以为我们,正是因为这些。这意味着有时我们出的错与我们在某一天、某一刻的感受有关。我们可能会误解同事的意思、可能会发现自己无法在与配偶的谈话中保持专注、无法对熟人产生共鸣,或者在与朋友交谈时被自己的情绪所淹没。

出现这种情形时,我们可能会感到气馁,甚至感到羞愧(我应该知道得更清楚),但与其自我批评,不如接受这些情况的发生,并从中学习。

这意味着给自己一个作家和心理学家泰勒·本-沙哈尔所说的"做人的许可",即允许失败,允许不完美,允许体验和接受犯错带来的负面情绪。我们不可能将自己从自身的经历中解脱出来,因此,与其追求完美,不如努力提高自我意识和自我同情心。

从错误中学习意味着质疑发生了什么以及为什么会发生。当我们在谈话中出现某种情绪或反应而又不能让它消失时,与其用评判的眼光来排斥它,不如带着好奇心来探索它。它可能告诉我们什么?接受、接纳我们有时会犯错这一事实,这样我们就不太可能因犯错而气馁,而更有可能从错误中学习。

重要提示

当外部刺激（某些环境、人和话题）触发了一些内在感受（恐惧、愤怒、骄傲、压力，甚至无聊），而这些感受必须被承认、驯服或平复，以便能继续进行共情式倾听时，就会发生谈话障碍。那些激怒我的东西可能与激怒你的东西不一样，但没人能幸免。当谈话变得艰难时，我们需要加倍努力，好让自己在谈话中坚守。归根结底，共情式倾听可以将一场棘手的谈话转化为突破、理解、展示脆弱和更深的沟通。

学会倾听
重拾失落的沟通艺术

第三部分

休息、充电

第十一章

给自己恢复的空间

作为一个把大部分时间花在听别人说话上的人,我知道,在谈话接近尾声时,那种感觉多么好,也多么累。在做了一整天的研究性访谈后,我感觉就像是得了头伤风,不想跟任何人说话。每次都这样。这是因为共情式倾听是一个动态的、积极的过程,它要求我们对自己身体上、情绪和精神上实时发生的情况有强烈的自我意识,需要我们具有敏锐的注意力,并关注眼前,因为深化、引导谈话所需的策略取决于我们持续参与谈话的能力。与共情式倾听相关的一切都是主动的,所以它要求我们倾听者付出很多。

很多其他倾听专家——从播客、新闻工作者到治疗师、高管教练——在长时间的访谈倾听过程中都会感到疲惫不堪。

大卫·伊赛是电台制作人和故事团的创始人,故事团是一个收集口述故事的全国性非营利组织。

他把倾听任务比作一场马拉松。他说:"当我在接受采访时,倾听是一件非常紧张的事情……这是一种相当深刻的联结,我就像是一束激光;当我在听的时候,我是如此专注,这让我很疲惫。听完后,我就像跑了一场马拉松,完全虚脱了。"

第十一章
给自己恢复的空间

热门播客节目《TED 收音机时间》和《我的创业之路》的主持人盖·拉兹对他的倾听工作做了类似的描述。"我的一些采访会长达两个小时，而且很多时候，在采访结束时，两人都已筋疲力尽。"这种能量的消耗就是我所说的倾听消耗：专注和有意识的倾听所带来的消耗——在这种情况下，你付出了自己，直至什么都不剩。倾听消耗可以极度令人满意——这是优秀倾听的标志，但也可能让我们失去平衡。

有时，这种消耗表现在情绪上：当我们为他人提供空间、让他们坦陈自己最深的恐惧和焦虑时，这些感觉可能令我们难以释怀，我们可能会不经意间保留着这些感觉。

有时，这种消耗表现在身体上：对谈话伙伴保持关注需要我们做协调一致的努力，经过长时间的共情式倾听后，我们需要深度休息，睡个长觉。

有时，这种消耗表现为其他感觉。如果谈话是单方面的，我们可能会感觉被利用了。如果我们过于疲惫，而且这个过程不断重复，我们甚至可能精疲力竭。

"有时候我觉得自己是一个'纪录片治疗师'，因为我发现，一次好的采访对受访者来说往往是一种宣泄。"纪录片制作人兼编辑利斯·巴特利特告诉我。"在大多数情况下，受访者会知无不言，因为在生活中，很少有人会坐在你对面，看着你的眼睛，让你讲述你的故事，而且他们只是听众。"利斯是纪录片《水中之光》的幕后策划者。她非常喜欢自己的工作，但就连她也承认曾经经历过倾听带来的消耗。她说："倾听消耗的可怕之处在于，你根本不知道什么时候会倦怠。兴奋、激情——这些都可以掩盖听完最动人的故事后产生的疲惫感。"

倾听消耗是共情式倾听的一个意料之中的副作用。幸运的是，正如专家们精通倾听训练一样，他们也精通恢复训练。在接下来的篇幅中，我们将探讨像我这样的倾听专家为避免筋疲力尽而采取的预防策略，以及当他们不可避免地出现筋疲力尽的状态时所采用的恢复技巧。

练习：识别倾听消耗

为应对倾听消耗，我们首先要知道何时会产生这种感觉以及这种感觉是什么样子。当我的思绪开始飘忽不定时，我就知道我产生倾听消耗了，一不小心，我就会对自己进行评判。我开始感觉疲惫，无论是身体上还是情绪上。我感觉自己无法接收更多的信息，我的大脑似乎需要休息。这些都是我在谈话中达到极限的迹象，所以我应该在完全超负荷之前找到一种方法来优雅地离开谈话。

回想一下你上一次做共情式倾听时到达极限的样子，试着回忆一下那是什么感觉，并找出其原因。每个人的倾听能力都是不同的，所以要花些时间来观察：是什么让你从共情式倾听者变成了疲惫的同伴或哼哼哈哈回应的伙伴。填写下面的空白，以唤起你的记忆。

当我感觉_____时，我知道我已到达极限。发生这

> 种情况时，我的身体开始＿＿＿＿，我开始产生诸如＿＿＿＿之类的想法。某些类型的关系——比如我和＿＿＿＿的关系——会让我更快到达极限。我注意到，在某些特定背景中，我更容易有这种感觉，比如当我＿＿＿＿时。有时，我会猝不及防地到达极限，比预期的要快。在＿＿＿＿时，曾经发生过这种情况。

保护自己，不受倾听消耗的影响

要想确保自己能从紧张的倾听中恢复过来，最好的办法之一就是先要防止事情变得太严重。你最了解自己的极限，在保护极限方面，你是最大的推手。

当你把共情式倾听纳入日常工作中时，可以使用下面的技巧，来保持新鲜感，以免感觉到消耗，甚至筋疲力尽。

尊重你的极限

在职业生涯初期，我在安排研究性访谈时力求高效：如果必须采访六位受访者，我就会把他们全部安排在同一天，自己则早来晚走，以适应这个节奏，我甚至会缩短午休时间，来达到这个目的。但是，无论我在上午有多强大的倾听能力，到了最后一场访谈时，这项能力就会消失。由于太过疲惫而无法专注，我会错过一些重要线索，比如，受访者已经讲过某个话题，或者他们的身体语言表明他们对我们的产品并不感兴趣——即便嘴上说的正相反。当我的电池电量过低时，我不仅浪费了精力，而且还浪费了受访者的时间。更糟糕的是，回到家后，我已经没什么可以给自己或家人的了。正因为我知道太多的访谈会让我有这种感觉，所以我现在会很小心地给每天安排的访谈者的数量设定界限。

我们之前提到的治疗师特蕾西也有类似的遭遇。她说："如果我接连见了太多客户，几乎肯定会在访谈结束后感觉非常疲惫。这种疲惫不仅是精神上的，而且也会出现在身体上。"她告诉我："有时我会注意到身体上会出一些问题，可能会开始感觉头痛，感觉有点紧张。"她正在不断地重新评估，看看自己的极限在哪里，以及该如何安排自己的一天，以便能在极限之内工作。

我们之前提到过的那位纪录片导演利斯说，自己以痛苦的方式认识到了这一点。

"回顾过去，我意识到，比如说，在一天内进行六次采访的确太多了。印象中我们做了三天的采访，每天采访五到九个人，有时两场采访中间都不休息。这就好比一天内看五部电影。要一口气感受的太多！"

你的神奇数字是多少？也许你像我一样，可以开足马力，完成多达接连三场的一对一访谈，然后就崩溃了。也许你需要较轻的负荷，一天最多可以应付两次社交活动。也许你每天只能进行一次深入交谈，之后便精力耗尽。无论你的这个数字是多少，这可能意味着拒绝参加那些超出你的神奇数字的社交活动（如果我不去参加同事的告别聚会，就可以去参加朋友的晚宴，但我不能同时参加两个），或更均匀地分配你每周打回家的电话（星期一给妈妈打电话，星期二给爸爸打电话，星期三给祖母打电话。星期四，我不接打任何电话）。数字是多少，要知道自己的极限，并设定界限，尊重这些极限。

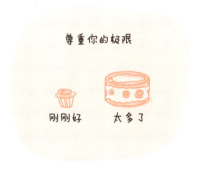

你可能会报名参加为你最喜欢的候选人轮班拉票的志愿者活动，但只是一次而不是两次；或答应花半天时间陪一个从外地来的朋友，但不是一整天（如果上午好好休息，我就可以在下午完全恢复精力）。和特蕾西一样，你可以不断检查这些界限，并在需要给自己留出更多时间或者比平时更有精力的时候进行灵活处理。

控制自己的节奏

我们之前提到过的人生导师克里斯蒂娜·佩里，已经习惯于进行恰当数量的深度倾听谈话。在每次的访谈中，她都需要

学会倾听
重拾失落的沟通艺术

全神贯注地关注客户的感受以及他们可能需要解决的问题。好处是,她可以帮助人们度过人生和事业的重要里程碑;坏处是,如果一不小心,就可能很容易发生倾听消耗。

"我接受的是我关心的那些客户。"克里斯蒂娜告诉我。"我和他们待在一个房间里,他们会跟我分享很多极其隐秘的信息,有时他们会有一些'顿悟时刻',而之前他们从未经历过这样的时刻。我不能与任何人分享这些信息;这些信息是我的,我得守住。"

为防止发生倾听消耗,克里斯蒂娜已经学会了将她的一天分成几块,并在休息时好好放松。这是因为,这不仅仅是每天可以应对几场激烈谈话的事,也是如何分配这些谈话的事。通过控制自己的节奏,我们可以降低一些强度。

在工作中,如果想在繁忙的日程中安排出休息时间,一个方法是承诺提前五分钟结束所有会议。你也可以在日历上添加"不要安排"或"集中时间"的区块,来主动保障你的时间。

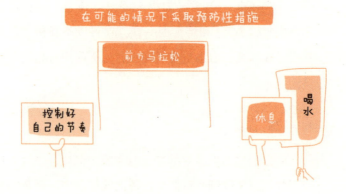

第十一章
给自己恢复的空间

如果你在与同事进行了激烈的谈话后感觉精力开始减退，可以重新看看日历：是否可以将某个即将举行的会议移到晚些时候甚至是明天？这样你就不会把自己逼得太紧。

在办公室之外，你可以在两次聊天或社交活动之间抽出时间，来控制自己的节奏。要做到这一点，有一个方法是走远路去谈话目的地，这样可以在两次谈话之间多给自己留一点时间。把东西"忘"在车上了也可以是给自己一个快速喘息机会的好借口，甚至可以主动提出为老板跑个腿，这样不仅可以解他们的燃眉之急，还能让你获得你所需要的空间。

花些时间来处理

大卫·博耶是旧金山公共广播电台的一位主编，也是《十字路口》节目的主持人和制片人。这个播客节目对某个特定的十字路口进行摄像，来观察一个城市的不断发展与变化。

在第一季中，博耶拍摄了田德隆区的一个角落。田德隆区是旧金山的一个社区，这里贩毒猖獗，充斥着无家可归者。田德隆区并不是一个笼罩着光环的社区——在许多路过这里的旧金山人看来，这里是一个伤心之地，毒品泛滥，令人绝望至极，不忍目睹。博耶的系列节目之所以如此扣人心弦，部分原因就在于他对这个很多旧金山人恨不得视而不见的地方进行了亲切的刻画。他与青少年、老年人、社区组织者、父母和无家可归的男人和女人交谈，而他们构成了这个社区的主干。

当我问他如何预防倾听消耗时，大卫说："我其实并不介意被消耗"。"我觉得关键是不要在谈话一结束就立刻计划什么,这样你就不会急于求成,其实你可以之后再处理,这样并不会感觉自己出局。"

当我们有倾听消耗的风险时,除了立刻休息一下外,可能还需要给自己留出一定的时间和空间,来重新思考我们所听到的内容以及我们的感受。如果匆匆忙忙进入下一个环节,我们就无法给自己时间来审视我们的感受。当时你可能觉得不错(看我多擅长转换语境),但事实是,谈话的确会对我们产生影响。最好是尽早处理,不能拖延,否则我们可能会痛苦地发现,某个人说的一些话已经啃噬了我们的精神,并在我们的大脑中扎根。

从倾听消耗中恢复

休息和推迟谈话可以让我们非常有效地预防倾听消耗,但有时我们会做过头,一次进行太多场激烈谈话。当这种情况发生时,以下的恢复技巧可以帮助你。

在需要时采取恢复性措施

第十一章
给自己恢复的空间

不忘初心

莉兹·约翰逊是《旧金山纪事报》报道森林大火的记者。不幸的是,由于北加州的森林大火每年都在肆虐,甚至更频繁,进行这方面的报道越来越令人殚精竭虑。约翰逊一直在跟踪报道那些生计、家园和家庭都被大火摧毁的社区,这是一项沉重的、容易激发情绪的重要工作,很艰巨,但约翰逊已经干了很多年了。

"我从与其他年轻记者的交谈中了解到,这对个人的伤害是非常普遍的,确实如此……"她说。"我不知道一个人怎么能报道这么重大的创伤性事件,而不把它的一些片段带回家。有时候我会连续采访五六个人,他们都经历了这些极其疯狂、极其激烈的生死时刻,作为一个记者,你得接受它,并把所有这些都写下来,要想把它写得打动人,必须要亲自去感受。"

尽管工作给约翰逊带来了情绪上的起伏,但在她看来,这项工作本身就足以成为继续下去的动力。"身边有好朋友可以听你倾诉、照顾好自己、睡眠充足、有一位优秀的治疗师、去跑步、相信你所做的事情有意义,这些总是有帮助的。"她说。

共情式倾听会带来疲惫,但同时也带来快乐。为了能在情绪低落的时候重新振作起来,要问问自己,最初为什么要做这份工作。

制造安静

经过一天漫长的访谈,我已经被说得晕头转向。我的恢复方式?我喜欢在这一天剩下的时间里让自己与外界隔绝。不去酒吧,没有晚餐约会,没有电话,没有,没有,没有。一本好书、一次高质量午睡和一顿安静的晚餐就是我所能做到的一切——也是我真正想要的一切。

我的美发师向我讲述了一个类似的充电仪式。在沙龙里和客户谈了一整天后——很多人(包括我自己)都喜欢在做头发时大谈特谈,她疲惫极了。在听完别人的故事、这漫长的一天即将结束时,她几乎不给自己安排任何事情:她会在自己的公寓里闲逛,四处整理一下东西,观察她的猫,看它玩着懒洋洋的游戏,所有这些都是在完全、彻底的沉默中进行的。没有音乐,没有播客,没有同伴:只有她自己的脚踩在地板上的声音和身旁的猫发出的轻轻呼噜声。

在独处和沉默中,她可以迷失在自己的思想中,而不是由别人指挥。

对有些人来说,找时间静静地充电可能是一个挑战,因为还有孩子、伴侣和生活中的其他人这方面的约束,不能只顾自己,对他们不理不睬。如果在繁忙的日程安排中找到哪怕几分钟的安静时间都显得很困难,那就在现有时间中寻找一些碎片时间,用它们来减压。比如,在漫长的通勤路上,如果有正确的心态和设备(降噪耳机),就可以创造奇迹。或者,把闹钟

第十一章
给自己恢复的空间

设置成提前五分钟响，在家人或室友发出起床动静之前享受孤独。只要你能拥有安静，就去做。即使是短暂的安静独处，也能在很大程度上为即将到来的谈话充电。当我们的倾听超越了极限时，安静的声音就是我们耳边的音乐。

动起来

作为对紧张的共情式倾听的回应，我们的大脑会恣肆地运转起来，就像低级别的嗡嗡声或蜂鸣声，跟着我们从一个房间到另一个房间。尽管回想谈话是有用的，但有时我们会回想得太多，结果发现自己陷入不间断的沉思中，根本停不下来。有时我们甚至不知道大脑仍在处理某个想法或某次谈话，直到我们让自己走出大脑，走进身体，才会有所发觉。动起来可以让人放松，这对我们这些很难打破心理回放循环的人来说，尤其有帮助。

比如，我们之前提到的记者莉兹就把跑步当成她的恢复行动的一部分。当工作中的情绪对她产生影响时，她就通过运动来让头脑清醒。

当然，并非每个人都爱跑步（我就不爱），还有其他方法可以让你从头脑中走出来，走进身体。有些人喜欢有氧运动，有些人则选择做恢复性瑜伽、几分钟的伸展运动，或在附近安静地散步。必要时，就连洗个热水澡这样简单的事情都有用。任何能让你享受身体的感觉、令你心灵平静的东西都能帮助你恢复。

学会倾听
重拾失落的沟通艺术

分享与自我护理

凯蒂·泰勒是旧金山一些最贫困的社区的医生。她为该市最大的几个无家可归者营地提供护理,这些营地中有很多都收留了一些患有严重精神疾病的人。和许多治疗这类群体的医生一样,她也遭遇了一些困扰。

"作为一名医生,要不断地倾听和接受这个世界的悲伤,这就带来了情绪和共情方面的压力,这就是医生这个职业的特点。"凯蒂告诉我。尽管献身于这项事业,但她必须要注意,不能在情感上承担太多。对凯蒂来说,处理她的经历——无论是在谈话中还是在纸上——都能起到很大作用。

并非每次谈话都很沉重,但有些的确如此。如果某个朋友跟你讲述他与酒精的斗争,或者某位同事向你诉说每天在工作中受到的微歧视,这些麻烦就会对你造成伤害。在紧张的倾听过程结束时,花点时间回想一下你的心理状态。

你的感觉如何?你感受到了什么?面对别人的需求时,你可能需要什么?尽量不要让这些想法在脑海中翻腾,而是将它们释放出来。与某个值得信赖的知己、某位有执照的专业人士分享这些想法,或将其写在日记中。将经历写下来或与人谈论它们可以帮助我们更好地理解和管理紧张倾听后的感受,并减轻我们的一些负担。

第十一章
给自己恢复的空间

恢复自我意识

大多数人并不像凯蒂医生那样每天都在目睹创伤。但是,当我们进行共情式倾听时,可能很容易将对方的观点内化,以至于忘记自己的观点。

心理学家称之为"替代性创伤",这是一种继发性创伤或"情感残留",产生于与创伤受害者一起工作和目睹其经历。替代性创伤在护理人员和医生中很常见,当我们自身的疼痛反应受到他人对疼痛的体验的影响时,就会出现这种创伤。有替代性创伤的人也可能会经历"同情疲劳",并因不断给予同情,却不进行自我护理而在情绪上或身体上变得疲惫不堪。

许多年前,当一位亲密的朋友被诊断出患有癌症时,我亲身经历了这种创伤。他是一个注重隐私的人,对同事和大多数朋友都隐瞒诊断结果,而且也没有家人安慰他。只有我们少数几个人知道为什么他总是频繁地放下工作去看医生,以及为什么他在社交场合很容易感觉疲倦。

在他被诊断后的第一个月,我几乎每天都能看到他。他对未来感到害怕,不知道会发生什么。他感到自己与别人隔离开来,厌倦了长期伴随他的疲惫感,渴望正常生活。我这位朋友有权感受他所感受到的一切,并在需要时将这些感受随时、尽情地表达出来。虽然我一直在倾听,但也不得不小心翼翼,以免承受他太多的悲伤。很显然,他需要支持,但为了支持他,我也需要得到支持。

每个人的生活中都有在某方面苦苦挣扎的人。如果一个直接下属告诉你,他在工作中出现了人事问题,这让他感到前所未有的不自信,或是一个朋友跟你倾诉说他的婚姻变得多么艰难,那么当这些谈话结束后,你可能会觉得肩上的担子很重。处理这个问题的最好办法是提醒自己:我们是独立的,我和谈话伙伴是不同的人。这听起来可能显得多余(我当然跟我的谈话伙伴不一样),但有必要重复。我们需要清楚地知道什么时候一些感受是我们自己的,什么时候不是。

"作为一个人,有强烈的自我意识是有好处的。"我们之前提到过的特蕾西这样说。"如果你非常清楚自己是一个独立的个体,便拥有了最佳内部边界。如果能认清一个事实,即我并不对另一个人的情感经历负责,那我们或许能对它产生影响。归根结底,我不对他人所出现的情绪、想法或感觉负责。作为一名治疗师,我需要对此不断进行自我监控。我是否陷入这种情况?是否注意到我的客户真的很想这样做而且我可能很容易受其影响?"

你可以提醒自己,别人的感受和经历不是你自己的,这可以帮你恢复自我意识。诸如"我不该一直想着这个""这不属于我""我不需要承担这些""我不需要抓住这个不放"之类的真言可以帮助你。在重复这些话语时,我们便允许自己将他

第十一章
给自己恢复的空间

人的情感从自己的肩上卸下来。

你也可以依照自己的经历和经验强化那些对你来说真实的东西,而不是把对别人来说真实的东西进行内化。比如,你可以庆祝生活中的美好事物,记感恩日记,甚至多想想自己的优势、成就,以及如何成功驾驭类似情况(如果相关的话),通过这些来给自我意识一个提升。

让爱的人来振奋你

当我们出现倾听消耗时,虽然有时候很想找人谈谈,但有时我们根本不需说任何话,只要有爱的人陪伴就行了。

秘诀在于要从那些真正使我们振奋的人那里寻求救赎,而不仅仅因为有些人就在我们身边、很方便或已经向我们伸出援手而去找他们。事实上,如果你被所爱的人包围——我们选择与他们为伴,并珍惜这种陪伴,也会有帮助。与生活中的激发者重新联系,这就会让你电量满格,精神振奋。

如何利用我们的社会关系,对每个人来说都是不一样的:

也许一个电话就可以,也许最好一起吃顿饭或喝杯咖啡,也许一起度过一个安静的夜晚就行。最让人精神振奋的方法可能是找个借口庆祝一下,所以家庭野餐、同事的生日聚会或其他社交活动都可以起到作用。重要的是做你觉得最适合你的事情——即使是最内向的人也需要不时地有人陪伴,这样我们才能一直拥有与人联系的感觉。

发泄出来

我的朋友乔纳森是曼哈顿一家很受欢迎的餐馆的调酒师，尽管他很喜欢这份工作，但他遇到的那些人和听到的那些故事有时也会让他觉得太过分。不止一次，顾客说的话超出了他的承受能力。某位老主顾可能觉得他的生活方式需要改变，便施舍给他一些个人建议，或者说一些在政治上疏远和伤害他的话。大多数时候，当顾客触及某个特别敏感的点时，我的朋友会尽量保持呼吸平静，但有时他也需要发泄出来。在这种时候，他会躲到走廊里，或去洗手间哭上一小会儿，虽然只有一分钟，但却很管用。这对释放他的情绪、恢复能量有很大的帮助。

也许你在想："这不适合我。我从来不哭。"但是，即使是我们这些通常不哭的人，如果能痛快地哭上一场，也会从这种宣泄中受益。我的秘诀是什么呢？如果一天的谈话让我感觉承受了情绪负担，我就会去看一部悲伤的电影，让眼泪流下来。电影、歌曲、书籍和戏剧都可以成为释放情感的工具——它们允许我们抒发感受。如果你不堪忍受情绪的折磨，让艺术打动你，让自己发泄出来。

做让自己开心的事

那些让你感觉最自在的活动恢复力最强。除了前面提到的那些可以帮你恢复的好办法外，你可能有一些自己的偏好，它

第十一章
给自己恢复的空间

们能让你重新振奋起来。总想和朋友们一起参加竞猜之夜？那就来一次。从未错过每周的西班牙语课？那就去吧。通过祈祷或冥想找到精神上的滋养？多好啊。在整理了空间、舒舒服服地追个轻松的网飞剧、做了一些新鲜出炉的饼干之后，感觉更像你自己了吗？做你要做的事，来恢复精力。你最了解你自己，所以追随自己的心，让自己拥有更好的感受。

> **练习：设定一个帮你恢复的养生方案**
>
> 听从专家的意见——有很多技巧可以帮助你从倾听消耗中恢复过来。你的恢复机制应该是什么样的？使用下面的思考提示来设计一个适合你的计划。
>
> - 回想一下你上次感到情绪疲惫的时候。也许与倾听有关，也许不是。列出你为了让自己心情更好而做过的所有事情。比如，你是喜欢社交活动还是一些独处的活动？你是让自己忙于工作还是把它们在脑海中清空？如果记不起来，想想如果需要提升心情，你今天会做什么。
> - 评估你的方法。在做过的事情中，哪些让你觉得很高兴自己做了？重点想想这些事情，思考一下它们为什么会有用。比如，与朋友共进晚餐并给你姐姐打电话感觉很好。如果是这样的话，让自己和所爱的人在一起可能是个好办法，可以反复做。

- 剔除任何看起来不健康或无益的策略(好的检验办法？这些往往是让我们犹犹豫豫，不愿写下来、不愿承认的策略)。也许你的恢复策略是马拉松式地追剧、抽根烟或者那晚多喝一杯葡萄酒，但现在回想起来，这些并没有真正让你感觉更好。如果是这种情况，那就把它划掉。
- 检查最终清单。鉴于你对自己的了解，你的恢复养生方案是什么？哪些久经考验的策略是你想保留、培养的？哪些策略虽然很诱人，但已不再适合你的目的？你想尝试哪些新策略？

重要提示

共情式倾听需要我们做出努力，但如果不注意，我们就可能会在试图照顾他人时忘记照顾自己。如果发生这种情况，我们就会变得疲惫、倦怠，无法再进行共情式沟通或倾听。通过管理我们的倾听消耗，并给自己机会、让自己恢复，我们的感觉会越来越好，能够继续进行沟通。只有当我们感觉精力充沛、情绪稳定时，才能真正为他人提供空间。

结　语
提高标准

作为一名研究人员，我花了很多时间来倾听别人分享他们的故事，但和其他人一样，我也需要一个空间来敞开心扉，需要有人能带着一颗共情的心倾听我的想法。不过，在去了治疗师那里整整一年后，我才意识到自己一直有所保留。以前我并非没有分享过——我一直坦陈自己的感受，它们都与我在访谈之外经历的各种起起落落有关：工作上的冲突、感情上的挑战，以及我曾想剖析的家人与朋友之间的动态关系。但我从未谈过对我和治疗师之间的关系的感受。

大多数时候，我的治疗师正是我所需要的那种倾听者，无论我在治疗中带来什么样的情绪、危机或挑战，她都能应对。她采用了许多我在倾听实践中使用的技术：通过点头和眼神接触等非语言方式向我表明她在倾听。当我艰难地表达某个需求时，她会复述一遍听到的内容，对我各种杂乱无章的感受进行总结，把我的体验清楚地表达出来。

无论我们谈什么话题，她都表露出深深的好奇（如果我们探讨这个问题呢？这对你来说是什么样的），但也知道何时该重定向，引导我们走向富有成效的领域（我想为你之前说的一些事情留出空间）。有些时候我觉得根本不能再听别人说话，这时她便是我所需要的那种倾听者。

但有时候，我的治疗师会针对我分享的某个故事或我试图分析的某个想法说一些话，但这些话让我觉得意犹未尽。有一次，我在谈论我的一个特点：几乎绝口不提自己在实现重要目标的过程中付出的辛苦。我慢慢发现自己有一个习惯，那就是在完成一个目标后迅速处理下一个目标，而不是停下来、认可一下自己为达到目标所付出的努力。我认为辛苦是理所当然的，当别人赏识我的能力时，我也常常不予理会。但是，说实话，我确实想得到认可，无论是自己的认可还是他人的认可——从不暂停下来赞赏一下自己的工作并庆祝工作上的成绩着实令人灰心、疲惫。我的治疗师发现了这一点，便故意为我创造空间，让我得到一些认可。"哇哦，"当我告诉她我取得的一项个人成就时，她赞叹道，"我的确看到你是如何有策略地对待你的工作，并优先考虑需要完成的事情。我对你在实现目标和保持高产方面的自律印象深刻。"这是一个很好的姿态，但她的话在我听来有些空洞，我挣扎着让自己去接受。虽然我感觉到她在积极与我沟通，也很欣赏她的努力，但她并没说到我的心坎上。

不知不觉中，我开始将自己封闭起来。为了回应治疗师对我的认可，我强挤出微笑，什么也没说。

我不想纠正她，这会伤害她的感情，也不想占用治疗时间来指导她如何更好地安慰我。但同时，我感到很不舒服。当她问我收到这个反馈的感觉如何时，我只说了两个字"很好"，

结 语
提高标准

并迅速向她表示感谢,然后便转移了话题。这样一来,我就变得完全无法沟通了。

最终,经过几次这样的尴尬时刻后,我坦白了。虽然我知道她是想让我感觉好一点,但她的善意在我听来很老套、空洞,我如实告诉了她。我不知道为何会有这种感觉,但我确实有。我并没有像以前那样一带而过,而是承认:她的赞美之词对我不起作用。我终于肯说:"我知道你在努力安慰我,但这对我不合适。"

我很欣慰地发现,承认这一点并没有伤害我的治疗师的感情,也没有使我们的关系更加疏远。恰恰相反,她很想了解我的体验,包括那些在我看来她在方法上有缺陷的地方。我感觉好像有个秤砣从胸口被移走了,感觉她是真的对我有兴趣,就开始敞开自己,跟她讲了很多。我们谈论了她的赞美是如何让我感到不舒服的,以及这可能说明了我的什么情况——不仅仅是我们的谈话中的情况,也可能是治疗之外的一些情况。我们一起探讨了在我们的关系中以及在这个关系之外,哪些是有效的,哪些是无效的。我分享得越多,她就越投入,而我也越愿意敞开心扉。她对我有了更多的了解,我对她也一样。可以说我们正在取得进展,一起变得更好。

在治疗中,你需要了解一个人,理解他对世界的体验,这样才能解决他面临的独特的问题,理解他的行为和感受。在日常生活中,我们也必须要了解一个人,才能找到共同点,做出更好的决定,感受到被爱、有人支持,并最终巩固我们的关系。

共情式倾听的能力是实现这一目标的关键，同时在我们这一方也必须有说出自己想法的主观意愿。

沟通是一种相互妥协

有时候，谈话伙伴已经准备好接受我们的想法，而我们却不肯说，就像我对我的治疗师所做的那样。还有的时候，谈话伙伴并未察觉我们有话要说，而我们也迟迟不敢向前迈进，比如当我们刚刚与人建立起一段关系，还没有安全感或这段关系太脆弱时，就很容易发生这种情况。但是，要想使共情式倾听获得最大成功，双方之间必须相互妥协。为了在谈话中实现给予对方的沟通的承诺，我们需要给别人一个机会，让他们也能倾听我们的想法。

这意味着不仅听的时候要共情，说的时候也要共情——不是为了证明某个观点、赢得某场争论或主导某场谈话，而是坦陈自己的感受，甚至表现出脆弱，就像我们希望别人与我们在一起时所做的那样。我们可以力求理解对方并得到对方理解，这就是沟通的意义所在。我们可以主动让谈话伙伴了解我们的情感，而不是等他们来解读我们的种种暗示。我们可以谦虚地表达自己的想法和感受，承认知道什么、不知道什么，并表露出好奇心，对别人在谈话中可能接受我们的方式保持开放态度。我们可以让自己有耐心，注意身体语言何时在提醒我们：你正在封闭自己。当我们的想法和恐惧阻碍我们诚实地吐露心声时，我们可以让自己的内心安静下来。我们可以留出必要的

结语
提高标准

空间来做自己,就像我们为谈话伙伴所做的那样。当我们愿意以这种方式进入谈话并发表看法时,我们就会生出信任,并在这段关系中创造出亲密与沟通的机会,这与我们在练习共情式倾听时追求的东西是一样的。

当我们能够向他人敞开心扉时,话题就会变得宽广,我们对彼此的理解也会加深。我们可能了解到,对别人会有什么反应的担心是没有根据的,谈话伙伴已经准备好支持我们,但需要在如何做这一方面得到指导。我们可能会发现,谈话伙伴渴望了解我们,但我们可能很难被人看懂,他们可能需要我们给一点帮助。当我们不再缄默、转移困扰我们的话题或把谈话的重点重新引到他人身上时,我们就会成为谈话中真正的伙伴和合作者。正是这种相互妥协让我们的关系能开花结果。

就其核心而言,每一次社交互动都伴随着沟通的承诺——有机会感受到另一个人的爱、支持、接受、重视和理解。但是,充满承诺的谈话同时也伴随着风险:有时我们没有得到理解,而是觉得谈话伙伴根本没听到我们说什么。

我们都有过这样的时刻:感到被忽视、被误解或者只是某一天过得不好,需要(但也许缺乏)一个安全的空间来表达自己。当这种情况发生时,我们可能会在谈话结束后感觉失望、不安,或只能一个人独自面对。我们可能会发现自己很想知道——甚至怀疑——我们的友谊是否能更有意义,与我们的合作伙伴的关系是否能少些冲突,我们的同事关系是否能减少竞争,更加人性化。我们可能会问自己:到底能不能袒露真实的自我。我们可能会感到被身处的情境所打败，或者不知道如何能驾驭它们。

在这些时刻，我们很容易将自己的感受归咎于他人（他就是不理解我），甚至会指责我们的整个文化或社会（如果我们这一代人不那么痴迷于技术，我就不用跟电话争夺注意力了）。

为了应对这些孤独、担忧和疏离的感觉，我们中的一些人在日历上填满了社交活动，在手机里装满了应用程序，来让自己感觉与他人的沟通更紧密。我们还有可能全身心投入工作中，以对抗孤寂，或是再看一个网飞上的节目，或是躲进社交媒体世界。我们可能会做一些小的调整，比如在家里整天开着收音机或电视，让它们来陪伴我们；或者做一些大的调整，比如当别人让我们失望时，就追求个人和职业上的成就，来填补空白。

但往往，这些解决方案都没有切中要害。我们可以待在一个满是人的房间里，却仍然感到无比孤独。我们可以花一整天的时间进行视频通话或发送短信息，但最后却会感觉比刚开始时更孤单。将精力投入获得下一次晋升中可能会让我们很有成就感，但再多的荣誉也无法让我们感到真正被人倾听。虽然把自己投入繁忙的工作中、向恶习低头或屈服于机械地上网可能会让我们麻木，但这些策略实际上不会改善我们的状态。几乎没有人会声称因为这些策略而拥有幸福或有意义的关系，因为它们并没有解决真正的问题。

这是因为这些感受的根源比我们可能意识到或愿意承认的

结语
提高标准

更深——作为社会中的人，我们每个人的内心都有对沟通的永恒渴求和被人倾听的深切渴望。我们之所以为人，之所以在得不到倾听时感到痛苦，部分原因正在于此。

不能仅仅怪我们的同伴，甚至是怪我们生活于其中的那个文化环境；这种情况在我们身上原本就存在，是人性中的一个机能，想要被爱、被看见、被欣赏是人类的共同命运。

不过，解决办法唾手可得。我们每个人都拥有一种潜力，可以创造一个不那么孤独的世界。当我们向内求，做一个有共情心的倾听者，通向沟通的道路就会更清晰。如果我们能将前面讨论过的那些技能付诸实践，比如提出有深度的问题、发现隐藏的需求、愿意犯错并在前进中一起探索，我们就能互相吸引，更充分地参与到彼此的世界中。当我们在其中融入共情式谈话，就能让别人也感觉到与我们在沟通。我们可以把现有的那些往往是交易性的、时而令我们忧心忡忡、时而让我们感觉不称心的关系变成有意义的、沟通顺畅的关系。我们每个人都可以在自己的生活中取得进展——一天天、一点点、一个关系接一个关系——并共同推动事情向正确的方向发展。

对我们每个人来说，被倾听的感觉都是不同的，但当我们一看到它，就知道它发生了。当我们对朋友诉说自己的艰辛、朋友说"听起来你太不容易了"时，它就发生了。当我们的伴侣紧紧抱住我们，因为他们能从我们颤抖的声音中听出我们正在努力抑制哭泣时，它就发生了。当经理让我们休息一天，因为即便我们摆出一副坚强的面孔，他们也准确地解读了一些

学会倾听
重拾失落的沟通艺术

迹象,知道我们不堪重负、几乎要被疲劳吞没,这时它就发生了。当兄弟姐妹听我们诉说被忽视的感觉,走出聚光灯,给我们空间,让我们讲出更多感受,这时它就发生了。当我们的治疗师不加任何评判地告诉我们:考虑到我们的经历,我们的行为是合理的,这时它就发生了。

事实上,共情式倾听向我们表明:我们受到了他人的关心。我们不再感到被忽视,而是感到被看见、被重视。我们不会觉得自己没有归属感,而是觉得有人欣赏我们的与众不同,并因此获得了安全感。当我们以这种方式被倾听时,我们就会从感觉疏远、孤独转变为感觉到在与人沟通,得到了理解。

有些人让我们感觉比独处时更有活力

有何不同?共情式倾听的程度

作为倾听者,我们可以将这些接受、认可、支持和理解的时刻传递给他人。当我们能够成功地进行共情式倾听时,即使是一次普通的谈话也会成为沟通的机会,一次社交活动可以变成一个结交真正朋友的机会。一位经理可以破解激励团队成员

结语
提高标准

的密码，晚宴上的一次偶遇也可以是建立伙伴关系的机会。

这些谈话不仅会在当时令你感觉很好，还会随着时间的推移，逐渐累积成强大而紧密的关系。如果某位经理能真正倾听你的想法，不管他们接下来到哪家公司去，你都想追随他们。如果你的某个兄弟姐妹能倾听你的心声，把他/她的肩膀给你、让你靠在上面哭泣，而且不去猜疑你是如何陷入这一团糟的境地的，那他/她就会是那个最懂你的人。如果哪位朋友能倾听你、赞赏你所从事的充满创造性的工作，那么激励你继续发挥创造力的人就是他。

如果不进行共情式倾听，我们就会轻易错过这些时刻，忽视这些关系。我们会变得善于走过场，同时还会降低对友情、伙伴关系和工作关系的期待。这样也凑合，但我们却不能从这些互动中获得最大利益。其实可以做得更好。

现在到了将你所学到的那些倾听技巧应用于实践的时候了。在每一次会议、晚宴、庆祝活动甚至是冲突中，你都可以撇开那些表面的东西，做一些深入的工作。在一次次的谈话中，你会发现那些令我们每个人与众不同的情感、感受、希望、梦想、恐惧和焦虑。慢慢地，你就会了解到别人最真实的样子，而不是你设想中的或心目中他们的样子；反过来，他们也会逐渐了解真实的你。如果我们能进行共情式倾听，就提高了我们的谈话和人际关系的标准，还能激励他人也这样做。

所以，请合上这本书。开始吧。深呼吸，一下、两下、三下。用心倾听。

致　谢

　　我要感谢两位编辑，他们对于本书的出版功不可没：考希克·维斯瓦纳特热情地赋予本书以这个书名，并不断地指点我要"继续写下去"，使得这本书的完成速度完全超出我的预料。能干的尼娜·罗德里格斯–玛蒂也加入进来，持之以恒地关心我，考虑周到，使得本书最终能够画上句号，并臻于完美。我还十分感谢我在 Portfolio 公司的公关和营销伙伴，是他们把这本书推向了世界，他们是：尼克·麦卡德尔、斯蒂芬妮·布劳迪和玛利亚·苏博蒂娜。当然，还要万分感谢我的代理人，Stonesong 公司坚毅、执着的莱拉·坎波利，三年前她给我发了一封邮件，由此启动了一系列令人愉悦的事件，最终促成了本书的写作。

　　我很感激那些慷慨地与我分享倾听实践的专家们，是他们用机敏的思想和优秀的建议让这部作品得以发展、深化，特别要感谢这几位：克里斯蒂娜·佩里、凯蒂·泰勒、特蕾西·麦吉利斯、大卫·博耶、利斯·巴特利特、乔纳森·R.卡里和阿比·范穆伊恩。

　　非常感谢我在领英、推特和 Pinterest 等平台的研究大家庭中的同伴和导师们。

　　感谢众多与我分享在倾听方面遇到问题的朋友和家人们，

致谢

感谢你们向我讲述你们的个人经历——有些经历有时候很难说出口,在本书创作初期,是你们赋予我灵感。谢谢你们信任我,愿意说出你们的故事。我从你们的经历中学到了很多,希望我在书中准确地再现了那些经历。

感谢我的读者家人们,一直以来,正是你们的反馈让本书得以成型并巩固。在创作初期,拉奎尔·贾拉米洛是最关键的共振板,随着我的写作向前推进,她也不断给我带来灵感。宝拉·文戈谢对我的所有插图进行了审查,确保每一幅都是正确的。卡西亚·文戈谢极大地提升了我的一些想法的质量,并帮助我在修订过程中忠于自己的观点。露西亚·文戈谢在我最需要的时候给了我支持,是我的支柱。特别要感谢阿莱格拉·费舍,她忠实地阅读了本书的初稿,坚持不懈地给我打气,让我拥有了我所需要的力量,能将本书修改得越来越好。

在本书的写作过程中,我的朋友们一直在给我鼓劲。安妮·盖尔提醒我要为自己的进展感到骄傲,而我自己却未能看到这一点。在我试图驾驭自己集作家、研究人员和母亲为一身的新角色时,阿什利·普莱茨简直是共情式倾听的典范。与玛利亚·吉亚克娜的谈话每每让我的脑子里装满新想法,随时准备解决各种校订上的问题,哪怕是最棘手的。伊曼妮·韦伯-史密斯打破了她上二年级时所做的当我的编辑的承诺,但却从不离我左右;这些年来她对我毫不动摇的支持让本书的创作成为事实,而非几乎没任何可能性。

感谢那些从旁观者的角度为我加油的朋友们,你们对我而言意义重大。谢谢。

　　我的双亲在我写这本书的过程中发挥了重要作用,但更重要的是,是他们扶持我走过了人生中的一道道关口。感谢你们不断培养、赞美我的创造性努力。尽管我一路上犯了很多倾听方面的错误,但你们却多次接受我。加倍感谢你们。

　　最后,我要感谢我的丈夫艾萨克,当我在我们的私生活中挖掘素材时,他连眼睛都没眨一下就同意了。他还阅读了这本书的一些版本,尽管这些版本实在太不如人意。在我写书的这18个月里,他一直给我时间和空间来写作,而其实他本可以去骑自行车——没有你,这本书不可能写出来。我爱你,我保证会继续倾听。